AF403136

# L'ENSEIGNEMENT DE L'AGRICULTURE

DANS

# LES ECOLES NORMALES ET PRIMAIRES

EN FRANCE.

## NOTES SUR L'ENSEIGNEMENT DU TRAVAIL MANUEL.

> Homo naturae minister et interpres tantum facit et intelligit, quantum de naturae origine vel mente observaverit.
>
> *Fr. Bacon.*

### Par Edouard de Kovalevsky.

Adjoint à l'Université de Moscou

MEMBRE DE LA COMMISSION PERMANENTE DE L'ENSEIGNEMENT TECHNIQUE.

St. PÉTERSBOURG.
Imprimerie du Département des Apanages, rue Mochovaja, 40.
**1891.**

# L'ENSEIGNEMENT DE L'AGRICULTURE

## DANS

# LES ECOLES NORMALES ET PRIMAIRES

### EN FRANCE.

NOTES SUR L'ENSEIGNEMENT DU TRAVAIL MANUEL.

# L'ENSEIGNEMENT DE L'AGRICULTURE

## DANS

# LES ECOLES NORMALES ET PRIMAIRES

## EN FRANCE.



### NOTES SUR L'ENSEIGNEMENT DU TRAVAIL MANUEL

> Homo naturae minister et interpres tantum facit et intelligit, quantum de naturae origine vel mente observaverit.
>
> *Fr. Bacon.*

Par Edouard de Kovalevsky.

Adjoint à l'Université de Moscou

MEMBRE DE LA COMMISSION PERMANENTE DE L'ENSEIGNEMENT TECHNIQUE.



St. PÉTERSBOURG.

Imprimerie du Département des Apanages, rue Mochovaja, 40.

1891.

# Avis.

Ce petit aperçu sur l'enseignement agricole et les notes prises sur le travail manuel m'ont été suggérés par les observations personnelles faites durant mon séjour en France, où j'ai été envoyé l'été dernier en qualité de délégué du Ministère de l'instruction publique russe. Certains rapports des Inspecteurs d'Académie, ceux des professeurs départementaux et des instituteurs m'ont secondé dans ce travail.

On me reprochera peut-être le caractère pessimiste de cette brochure. Désireux d'être utile j'ai abordé la question franchement; aussi n'ai-je pas craint de montrer le revers de la médaille. Si je voulais parler de ce que j'ai trouvé de bon et de beau dans les écoles de France, il me faudrait des volumes; tandis que quelques pages suffisent pour faire ressortir les lacunes.

En terminant cet avis, je demande toute l'indulgence, dûe à un étranger.

# I.



Ce qui frappe le plus vivement un observateur étranger, qui s'intéresse des questions pédagogiques, c'est la grandeur et l'extension des réformes faites par la République dans l'instruction publique durant ces douze dernières années. Le changement complet de l'organisation de l'instruction primaire, l'extension du programme, l'introduction de nouvelles matières inconnues jusqu'alors et l'exigence d'exercices gymnastiques et militaires présentent à l'observateur un champ des plus vastes et des plus intéressants.

Les mesures hygiéniques observées dans la construction des écoles, dans leur architecture et les institutions auxiliaires comme par exemple: les caisses d'épargne, les bibliothèques, les musées n'offrent pas moins d'intérêt.

Pendant toute la durée de mon voyage je n'ai cessé d'admirer les magnifiques résultats que donnent maintenant les nouvelles écoles publiques, entraînant avec elles sur la voie du progrès les institutions tant libres que congréganistes.

L'instruction reçue dans les écoles laïques est tout aussi fondamentale que variée et la France a le droit d'être fière de ses écoles qui, durant ces derniers temps, ont atteint une telle perfection grâce à l'activité éclairée, systématique et énergique de l'administration et des pédagogues français et aux nombreux sacrifices pécuniaires faits par la République.

Le programme officiel est, si l'on peut s'exprimer ainsi, «idéal» pour notre temps et son accomplissement littéral ne peut pas toujours être exigé dans les écoles. On porte la plus grande attention aux études classiques, particulièrement aux branches qu'on exige pour la réception du certificat d'études et dans certains cas on accorde relativement peu d'intérêt aux branches complémentaires; cette dernière circonstance est complètement compréhensible: l'accomplissement de la nouvelle réforme demandait la concentration de l'attention générale sur les matières principales et sur l'organisation de l'affaire elle-même; c'est pourquoi les détails, tant dans les programmes que dans les méthodes d'enseignement de branches plus ou moins nouvelles telles que l'agronomie, le travail manuel et les branches du dessin, ne peuvent pas toujours être cultivés de front, mais seulement graduellement; la vie elle-même peut donner les indications nécessaires.

Cependant l'enseignement de ces branches est assez bien établi et je peux certifier avec assurance que l'enseignement de l'agriculture, obligatoire dans les écoles primaires depuis 1882 et adopté dans quelques-unes d'entre elles en 1886 seulement, a donné de merveilleux résultats pour ce court laps de temps et qu'il se trouve dans une excellente voie.

Dans toutes les régions de la France et sur plusieurs points de chacune d'elles se trouvent déjà d'entelligents et vaillants pionniers; d'abord de vieux praticiens, ensuite de jeunes élèves des écoles normales qui travaillent avec ce grand dévouement, et la conviction, et le patriotisme si connus chez les instituteurs français. Ils font tous leurs efforts pour introduire cet enseignement technique dans les écoles primaires, en donnant aux enfants des notions sommaires sur l'agriculture, en utilisant les leçons de choses et en cherchant le meilleur système d'organisation des exercices pratiques dans les jardins, les potagers, les champs etc. etc.

Remarquons que, dans la plupart des cas, ils exécutent ces travaux sans la moindre gratification.

Grâce aux efforts réunis du gouvernement, des instituteurs, de la société et des secours privés, l'enseignement de l'agriculture dans les écoles normales et dans les écoles primaires élémentaires et supérieures avance considérablement. Toutefois pour consolider cet enseignement et lui donner la possibilité de se développer librement, il est indispensable de faire quelques changements et de compléter certaines lacunes; le soutien énergique et continuel du gouvernement est aussi de la plus grande importance.

La conscience de l'importance du développement des connaissances agricoles avec l'aide des écoles, a depuis longtemps pénétré dans la société et il est possible que dans un avenir prochain on entreprendra avec plus de détails l'exploitation de cette question, que le gouvernement prendra des mesures pour le développement et la généralisation de l'enseignement de l'agriculture dans les écoles primaires et autres, et enfin qu'il attachera son attention sur les moyens homogênes (cours professionnels d'adultes, conférences populaires agricoles, cours d'agriculture dans les établissements d'enseignement secondaires) et sur le développement des connaissances utiles, non seulement théoriques mais accompagnées de démonstrations pratiques. Une sérieuse réforme à cet égard exige beaucoup d'argent, mais de telles dépenses sont recompensées au centuple.

## II.

### Enseignement théorique et pratique de l'agriculture dans les Ecoles Normales.

Dans le nombre des écoles normales que j'ai visitées, j'en ai remarqué 4 types:

1-er type—cours théorique.

Les écoles dans lesquelles l'enseignement de l'agronomie se borne aux leçons de théorie données en classe, sans travaux pratiques dans le jardin et le champ d'expérience, le professeur se contente de la lecture de sa leçon obligatoire et de quelques excursions qui parfois ne peuvent avoir lieu à cause du manque de fonds. Les occupations au jardin se bornent à des travaux purement physiques et ce temps compte comme une récréation; les jeunes gens arrosent, ratissent les sentiers, égalisent le terrain; mais ils ne s'occupent pas de travaux horticoles proprement dits comme par exemple: le plantage, la greffe la taille, le pincement, etc. et qui seuls méritent le nom d'occupations pratiques.

Les écoles de Privas, de Rennes etc. peuvent servir d'exemple. Ce mode d'instruction, particulièrement l'absence d'examens ne peut donner de bons résultats. Le nombre de ces écoles n'est pas considérable, maiиs on les trouve assez souvent comme formant transition entre le 1-er et le 2-ème type—les écoles avec une prédomination d'horticluture. Prenons comme exemple du second type l'école de Nancy. Le directeur de cette école, ancien cultivateur, aime et comprend le jardinage; sous sa surveillance le jardin est entretenu dans un brillant état et peut servir de source pour l'acquisition de connaissances fondamentales sur l'horticulture, l'arboriculture et la culture potagère.



La surface de ce terrain mesure à peu près un hectare. Nous trouvons dans le jardin: $1^\circ$ la pépinière où sont plantés les sauvageons, greffés par les élèves—maîtres sous la direction et la surveillance du directeur et avec l'aide du jardinier.

Les arbrisseaux qui ont été bien greffés par les élèves sont emportés par eux à la fin des cours pour servir d'ornements dans les jardins, où les élèves sont appelés à être instituteurs.

Le nombre des sauvageons est suffisant pour que chaque élève puisse mesurer ses forces à la greffe, en voir les bons ou les mauvais résultats, et enfin s'approprier complètement tout ce qui concerne cette étude. (A Besançon la pépinière occupe un espace à peu près de 2—3 mètres carrés, ce qui n'est certainement pas suffisant).

Les arbres fruitiers présentent différentes formes usitées: ils sont plantés le long des allées ou croissent le long des murs; nous voyons là l'espalier, le contre-espalier, le cordon, le buisson (forme très pratique) etc. etc. Toutes les plantes sont dans un excellent état et comme il y en a des dizaines de chaque espèce il est tout naturel que l'élève trouve là un champ assez vaste pour les exercices pratiques. Ils s'occupent eux-mêmes de la taille et du pincement des arbres fruitiers et forment les buissons à baies; ils s'exercent sur la greffe par approche très pratique dans les endroits, où on cultive les arbres fruitiers en taille ou en espalier; malgré cela ce moyen est peu connu, nous sommes à même de nous en assurer par les faits de bien des horticulteurs.

Pour activer le rendement des fruits d'arbres qui n'en donnent pas, on emploie des moyens conformes et très divers.

Une assez grande partie du jardin est réservée à la culture potagère et nous trouvons là toutes les espèces de légumes cultivées.

L'impression générale est parfaite, tout est très simple. Les élèves reçoivent, pour la pratique, tous les renseignements nécessaires, afin d'être en état de cultiver chez eux, ou d'entretenir un jardin ou un potager des rapports. Le bel exemple qu'ils ont continuellement sous les yeux durant leur séjour à l'école normale doit nécessairement leur inculquer le désir de s'occuper d'agriculture.

3-me type — écoles ayant un champ d'expérience.

Le 3-ème type: une école avec un cours théorique et des exercices pratiques dans le jardin et dans le c h a m p  d'e x p é r i e n c e; le but de ce dernier est de servir aux expériences sur les engrais chimiques et naturels, sur la variété des semences etc., ainsi qu'à la démonstration des faits théoriques enseignés en classe.

L'école normale de Limoges est celle qui remplit le plus complètement toutes les conditions requises. Elle possède: un verger, un petit jardin fruitier de 70 à 80 arbres, un jardin botanique, un potager, une petite pépinière et un champ d'expérience, en tout près d'un hectare. Le jardin est très bien entretenu; il est divisé en 12 parties, dont chacune est confiée à 3 élèves qui en ont l'entière responsabilité.

Tout l'ouvrage est exécuté par les élèves auxquels on met des points en rapport avec leur travail. Les rosiers à hautes tiges plantés autour du bassin sont aussi greffés par les élèves; ils les emportent avec eux à la fin du cours.

Dans le potager on s'occupe d'expériences sur différentes espèces d'engrais, et on y cultive diverses sortes de légumes: artichauts, salades, pois, tomates, haricots etc.

Les sentiers sont bordés de pommiers et de poiriers en cordon et au milieu s'élèvent des arbres fruitiers de formes pyramidales. Un sentier bordé de pommiers à hauts troncs est surtout des mieux réussi.

Dans la seconde parcelle se trouve le champ d'expérience proprement dit: il sert à faire des essais sur les diverses variétés de seigle, de· froment et de pommes de terre; on y fait aussi des expériences sur l'engrais chimique.

Les expériences les plus intéressantes sont celles qu'on fait sur l'influence de l'écartement et de l'effeuillage, sur le rendement des racines fourragères (betteraves et rutabagas). Elles ont montré que

8

l'effeuillage donne une diminution de récolte très sensible; les expériences faites sur la culture du sarrasin, sur l'emploi de la sulphate de fer contre la mousse et la culture des arbres fruitiers en plein vent présentent aussi le plus grand intérêt. Cette école possède encore une prairie naturelle dont une partie est engraissée et l'autre reste comme témoin.

Le directeur veut aussi qu'on s'occupe de pisciculture et d'apiculture dans son établissement; à cet effet il s'est adressé au comice agricole du lieu pour obtenir des ruches.

Les excursions, dont quelques-unes ont un but agricole, complètent l'instruction pratique des élèves-maîtres. Une telle école normale, possédant de semblables moyens initiatifs à l'instruction agricole, peut former des élèves capables de bien organiser un jardin d'école et de donner à leurs élèves les notions élémentaires de l'agriculture sans les obliger d'étudier par coeur quelque livre peu pratique.

Ils peuvent même, s'ils le veulent, devenir de bons cultivateurs et à l'occasion ils seront capables de donner aux paysans de bons conseils et des explications utiles.

Malheureusement les champs d'expérience qui sont adjoints aux écoles normales sont rarement assez bien entretenus pour être de quelque utilité aux élèves et pour leur montrer le profit qu'ils peuvent en tirer.

L'école de Limoges fait exception à cette généralité. Les raisons dépendent de quelques circonstances favorables. La cause principale est sans contredit l'intérêt que le directeur porte à l'agriculture et l'énergie infatigable avec laquelle il s'est mis à l'oeuvre. C'est grâce à lui que les occupations ont pu prendre une telle extension; le jardin, le potager et le champ d'expérience sont entretenus d'une manière brillante même sans jardinier, car celui-ci est remplacé par un simple ouvrier qui remplit en même temps les fonctions de concierge.

Il est rare que les professeurs des départements, surchargés de nombreuses occupations, puissent pénétrer dans les détails de l'organisation d'un jardin d'école normale. Ces jardins, n'occupant parfois qu'un terrain assez limité, les parcelles d'expérience sont fort petites et les essais ne pouvant être faits qu'en petit, ne sont pas toujours réussis. Les résultats donnés par la culture de plantes sur 2 ou 3 mètres carrés, sont par trop hasardeux pour donner une idée de la culture de ces plantes en plein champ; les plantes qui croissent dans les champs d'expérience sont ordinairement à l'abri du vent, à l'ombre des arbres et arrosées avec soin.

Le transport de l'engrais d'une parcelle dans une autre est très possible pendant le temps des semailles et des pluies. Les semences destinées à une parcelle tombent souvent sur les autres.

Il est fort dangereux de tirer des conclusions des produits de parcelles aussi petites, car la culture en grand peut donner de tout autres résultats (par exemple, la récolte faite sur une de ces parcelles peut être bonne pour la raison toute simple que la portion de terrain ensemencée était meilleure que les autres).

Il est peu prudent d'habituer les élèves à tirer de rapides conclusions fondées sur de semblables expériences qui n'offrent pas de garanties sérieuses, car elles sont peu contrôlées et exécutées dans des conditions trop minimes; ordinairement les résultats de ces expériences sont même ignorés par les élèves, car les produits arrivent à leur maturité pendant les vacances, et les semences se récoltent pendant l'absence des élèves. Cette opération peut aussi faire commettre des erreurs légères, quand il s'agit d'un mètre, mais prenant des proportions considérables quand il est question de la récolte d'un hectare. De cette manière, les champs d'expérience, par suite de leur dimension insuffisante, loin de remplir un but pratique peuvent plutôt être employés comme moyens pour démontrer les faits théoriques expliqués en chaire, servant en quelque sorte, de laboratoire adjoint à l'école normale. Mais il est à regretter qu'en raison de la cause exprimée plus haut ils n'atteignent même pas ce dernier but.

L'école de Limoges fait exception, mais cela provient de causes tout à fait fortuites: 1° comme nous l'avons déjà dit de l'intérêt personnel du directeur, 2° d'un subside de 300 francs du département, subside que les autres écoles ne reçoivent pas.

Mais même dans ce jardin on est loin d'accomplir toutes les exigences de l'Instruction du 3 août 1881 concernant l'organisation des travaux dans le champ d'expérience de l'école normale; les essais qu'on

10

y fait sur l'engrais, par exemple, n'ont pas donné de résultats marquants.

A l'école normale de Vannes le professeur du département entreprit quelques expériences fort intéressantes, mais la différence des résultats était si peu marquée qu'on ne put tirer aucune conclusion positive.

La comparaison de quelques parcelles entre elles ne permet de remarquer aucune différence. Bien que les essais d'ensemencement à diverses profondeurs ont démontré qu'une certaine profondeur donne un petit pour cent de germes et que certaines espèces d'engrais favorisent la pousse des semences, les parcelles se ressemblaient toutes. La même chose est arrivée avec des parcelles ensemencées de trèfle, l'une avec de la chaux et l'autre sans chaux.

Dans les autres écoles on fait les mêmes remarqués.

*4-ème type.*

Enfin les écoles normales qui envoient leurs élèves dans des écoles spéciales d'agriculture forment le 4-ème type. Les élèves ayant terminé leur cours à l'école de Vesoul sont envoyés pour un an à l'école pratique d'agriculture de Mathieu de Dombasle à Tomblaine près ne Nancy. (D'abord on envoyait aussi les élèves de l'école de Rennes s'occuper à la ferme des Trois-Croix). Durant l'année qu'ils passent dans l'école de Mathieu de Dombasles, les élèves doivent suivre un cours théorique d'agronomie et prendre part à tout les travaux pratiques de la ferme, du jardin et des champs.

Ils jouissent de tout le matériel d'enseignement de l'école: des musées et de la collection de la Faculté où ils vont aussi écouter les lectures des spécialistes sur un sujet quelconque.

A l'expiration de l'année les élèves quittent l'école possédant une suffisante préparation fondamentale théorique et ayant une idée exacte de tous les travaux agricoles, l'usage des machines etc. etc.

*Comparaison des 4 types.*

Il s'agit maintenant d'examiner, sans entrer dans trop de détails, lequel de ces 4 types d'écoles est le plus parfait. Un enseignement purement théorique donne évidemment peu de chance de succès: l'agriculture est une science qu'on ne peut étudier dans les livres, mais «de visu», par expérience. Une théorie s'oublie bien vite et donne peu de résultats. A propos de l'enseignement théorique dans les écoles normales, il est nécessaire de remarquer un inconvénient produit par l'arrêté du 10 Janvier 1889: d'après cet arrêté, les élèves des deux dernières années, doivent assister au cours d'agriculture dans une même salle et les leçons ne peuvent se donner que pendant le 1-er semestre de chaque année scolaire (au lieu de 2 semestres comme autrefois). Il en résulte que tous les deux ans la plus jeune des deux promotions (la 7-ème année) commence le cours par le milieu, c'est à dire par la zootechnie.



Le plus parfait de tous ces types d'écoles est le 4-ème d'où les élèves sont envoyés à la fin des cours dans des établissements spéciaux. Les élèves, libres, pour ainsi dire, de toute étude classique, peuvent consacrer tout leur temps à l'étude de l'agriculture, à laquelle ils sont déjà préparés par le cours de sciences naturelles et d'agriculture qu'ils passent à l'école normale.



Les cultures exemplaires et multiples de l'école d'agriculture donnent beaucoup de matières à l'étude et aux observations, les travaux pratiques développent l'habileté et habituent l'élève à ne pas épargner les peines physiques et à mettre en pratique les connaissances qu'il a reçues théoriquement.

Ce système peut donner aux villages une nouvelle catégorie de maîtres, qui, par leurs exemples, leurs conseils et même par leurs conférences pourront avoir de l'influence sur les cultivateurs et seront à même de développer parmi eux un point de vue rationnel sur l'agriculture et d'introduire dans la culture des améliorations et des perfectionnements.

La propagation de ce système serait fort à desirer, mais il présente cependant quelques inconvénients, quelques défauts.



On oblige les maîtres d'étudier une branche spéciale, dont quelques-uns ne s'intéressent nullement s'étant faits maîtres justement pour éviter cette spécialité.

Ceux d'entre eux qui doivent enseigner en ville ne peuvent avoir

12

l'occasion d'appliquer leur savoir et cependant pour arriver à posséder
cette science ils doivent consacrer une année de plus à un travail
pénible et opiniâtre, et sont obligés de payer une certaine somme de
leur argent en dépit de l'enseignement gratuit; (dans l'école de Mathieu
de Dombasle de 150-à 600 frs. par élève-maître) ce qui est fort pénible pour quelques-uns d'entre eux. Il résulte de ce que j'ai remarqué que quelques élèves ne sont pas satisfaits de l'organisation de ce
cours supplémentaire. Durant leur séjour à l'école agricole, ils finissent par oublier en partie les matières purement pédagogiques et
classiques, s'occupant seulement d'acquérir des connaissances spéciales;
ainsi les maîtres entrent en fonction avec une grande variété de connaissances, mais avec une science moins approfondie de leur propre spécialité.

Les bourses s'élevant aux $^3/_4$ de la pension, 450 frs. sur 600 frs.
que les départements et le gouvernement doivent payer, peuvent, s'il
n'y a pas de crédit spécial, donner lieu à quelques inconvénients pour
la propagation de ce système; l'obstacle serait encore le manque
d'emplacement dans beaucoup d'écoles pratiques d'agriculture où il serait
difficile d'entretenir 18 ou 20 élèves-maîtres de plus.



Il ne resterait rien à désirer si chaque école normale possédait un
bon jardin capable de servir de modèle, avec un potager, des parcelles
botaniques et en même temps des parcelles pouvant servir de champ
de démonstration pour montrer les bons résultats: «du bon choix des
semences, de l'adoption des meilleures variétés de plantes et en particulier des semences de céréales à grand rendement, de l'emploi méthodique des engrais chimiques et des amendements appropriés aux diverses natures de terres et de cultures». Mais il est à regretter que
les essais faits pour organiser des champs d'expérience et de démonstration dans les écoles normales, sont assez souvent infructueux; nous
avons déjà fait cette remarque plus haut; les champs qui existent ne sont
pas toujours réussis. La cause est, comme nous l'avons dit, l'absence
de surveillance, la petite dimension des parcelles, la multiplicité des
expériences exigées des élèves, qui, outre leurs occupations de classes
et autres, doivent encore apporter une attention constante au développement des plantes.

Les occupations dans les champs d'expérience ne sont pas obligatoires mais facultatives, de sorte que tout ce qui s'y rapporte est fait négligemment.

Le directeur pourrait placer toutes ces occupations sur un terrain plus sérieux par une surveillance plus sévère, par l'exigence de rapports sur les plantes qui sont confiées aux élèves et par l'obligation d'assister aux travaux du professeur départemental.

Toutefois on se demande si les champs d'expérience pour la culture à grand rendement dans les écoles normales sont d'une nécessité si urgente?

«Le but des cours théorique n'est pas d'apprendre le métier de cultivateur à ceux qui le suivent; son objet est d'étudier les phénomènes de la vie des plantes cultivées et des animaux domestiques et de faire connaître les conditions les plus propres à leur développement, à leur amélioration et à leur multiplication». (Décret du 9 juin 1880).

Les expériences dans le laboratoire, dans les champs, les travaux dans le jardin et le potager doivent affermir les connaissances acquises à l'école et donner aussi aux élèves de l'école normale la possibilité de mettre en pratique la culture des plantes afin de pouvoir, dans la suite, lorsqu'ils seront au village, appliquer les notions reçues.

Dans la plupart des cas, il arrive que les maîtres qui sont obligés d'enseigner dans les villages, doivent bon gré mal gré s'occuper de jardinage et de culture potagère dans les parcelles de l'école ou dans un terrain loué par lui pour cultiver les légumes nécessaires à sa nourriture. De cette manière il est évident que la science pratique de l'horticulture présente un intérêt personnel pour le maître car il est, selon toutes probabilités, obligé de la mettre en pratique soit pour son propre compte, soit pour l'enseignement de ses élèves.

Les maîtres ne s'occupent presque pas d'agriculture proprement dite. Pour la grande culture il faut beaucoup de temps, ce qui leur manque, ensuite des capitaux, des connaissances spéciales et de l'expérience; de sorte qu'un maître qui s'occupe de la grande culture est et sera toujours une rare exception; dans le but de l'enseignement on n'exige pas de grandes connaissances dans la grande culture.

L'horticulture pratique indispensable aux instituteurs.

Voyons naimtenant les changements qu'il faut faire dans l'enseignement actuel d'agriculture dans les écoles normales.

Examen d'agriculture.

Pour donner à cette branche une plus grande importance, il faudrait organiser des examens spéciaux auxquels assisterait le professeur du département ou quelque spécialiste. Il est compréhensible qu'en ce qui concerne les points on pourrait être moins sévère que pour les matières classiques, mais un examen est indispensable. En pratique cela se passe ainsi: Les élèves suivent un excellent cours, ils prennent des notes sur les points importants et composent parfois avec ces notes un manuscrit complet dans lequel on peut puiser beaucoup de connaissances utiles et intéressantes; mais, hélas! comme on ne les interroge pas à l'examen, sur cette matière, il y a des élèves qui l'oublient ou ne l'étudient pas assez attentivement. Dans la plupart des cas, il arrive que le statut de la loi, qui ordonne de faire des questions sur l'agronomie à l'examen final d'histoire naturelle, reste lettre morte. Les examinateurs, parfois peu compétents en agriculture, se contentent de faire des questions sur l'histoire naturelle et s'ils interrogent sur l'agronomie, c'est simplement pour accomplir une formalité.

Eu Belgique, dans les écoles normales, où l'étude de l'agronomie est introduite, on a aussi organisé un examen spécial; à partir de l'année prochaine cet examen sera non-seulement exigé dans les écoles normales mais dans les écoles primaires pour le concours où l'on reçoit des certificats qui donneront le droit d'être électeur.

Ressources pour l'enseignement expérimental.

Pour faciliter l'enseignement théorique de l'agriculture et le rendre plus intuitif on peut avoir recours aux collections entomologiques, herbiers, modèles d'instruments aratoires, échantillons d'engrais commerciaux, principales espèces des terres du département et des roches génératrices, etc. Ce qui a plus d'importance encore, ce sont des expériences faites au laboratoire sur la composition du sol, la végétation des plantes dans divers milieux et l'influence qu'ont les engrais, dits chimiques, sur le rendement et sur le développement des plantes cultivées.

Pour que les élèves-maitres aient quelque idée sur les travaux champêtres, il suffirait de faire des observations systématiques sur le champ d'expérience et de démonstration le plus proche de l'école, organisé sous la direction du professeur du département pour la population environnante. La fréquentation de ces champs, dont la plupart sont d'une dimension assez grande et bien entretenus, atteindrait mieux le but désiré. Il serait aussi indispensable de faire des excursions agricoles dans les fermes et si c'était possible particulièrement dans les établissements agricoles, afin que les élèves pussent voir l'agriculture en pratique et juger d'après de bons modèles de ce qui peut être fait par un bon cultivateur.

Beaucoup d'écoles normales peuvent être fières déjà maintenant des bons effets de ces excursions, qui sont inscrites et retenues dans la suite par les élèves. Il n'est pas indispensable, que les élèves-maîtres prennent part eux-mêmes aux travaux champêtres, car, à de rares exceptions ils ne s'occuperont pas de la grande culture, et s'ils veulent se faire cultivateurs, le travail sur le champ d'expérience ne leur sera certainement pas suffisant.

La science fondamentale de l'horticulture dans toute son acception, serait beaucoup plus utile; ensuite chaque école devrait attacher une attention particulière sur la spécialité du lieu, par exemple, la viticulture (comme à Cahors) les vergers, l'arboriculture (à Foix) la culture potagère, etc, etc.

**Etat des jardins scolaires.** Dans beaucoup d'écoles que j'ai visitées, j'ai trouvé les jardins et les potagers assez mal entretenus, les occupations pratiques comptaient comme récréation, et ces travaux étaient exécutés fort négligemment. Tout l'ouvrage technique incombe au jardinier qui parfois est ignorant et ne peut avoir aucune autorité sur les élèves. Il en résulte que parfois les élèves ne suivent pas les explications données par le jardinier et que ne voyant pas de bons résultats, ils ne s'intéressent pas à une branche qui sera pourtant indispensable à la plupart d'entre eux.

Pour éviter ces inconvénients, il faut attirer l'attention de Messieurs les Directeurs sur l'entretien des jardins des écoles normales se trouvant dans leurs établissements. Le jardin doit être confié à un jardinier éclairé et expérimenté et obligé à l'entretenir dans un ordre parfait. De plus il doit posséder une quantité de plantes nécessaires aux occupations des élèves.

16

Les semences, les boutures, les oignons, doivent toujours être de bonne qualité et provenir des meilleures sortes de plantes; à cet effet, il serait à désirer qu'on ne se les procurât que dans des institutions qui méritent la confiance et qui pourraient envoyer d'intéressantes collections à chaque localité.



Il y a quelques années que le Muséum a commencé, à l'instigation de M-r Maxime Cornu, à envoyer dans quelques écoles normales les semences qu'il a à sa disposition; il est à regretter qu'il fasse ceci demi-officiellement et que le manque de fonds et de personnel paralysent l'extension de l'affaire.

Cependant une juste organisation de cette question est très importante: elle aurait relevé la portée des jardins et des potagers dans les écoles normales et aurait aussi contribué au développement des jardins dans les écoles primaires, dont quelques maîtres auraient pu recevoir de petits échantillons du professeur du département.

En Russie, les maîtres peuvent prendre gratis, pour le jardin des écoles, des semences, des boutures et de petits arbres pour la somme de 50 francs dans les pépinières appartenant au gouvernement et dans quelques écoles d'agriculture.

Le jardin d'une école normale doit, selon nous, se composer: d'une pépinière, d'un potager, d'arbres en plein vent ou de vignes selon la région, d'un petit jardin botanique avec une petite collection de plantes alimentaires, fourragères, techniques, médicales, vénéneuses et enfin d'un jardin décoratif. Un jardin d'école a deux buts; je laisse de côté son importance hygiénique.



1º Un but d'instruction: le professeur du département peut en profiter pour ses démonstrations concernant la culture agricole et potagère, les essais sur différentes sortes de légumes, le temps de leur culture, le terrain qui leur est le plus favorable, l'influence de diverses espèces d'engrais sur leur pousse, etc. etc.

2º Un but purement pratique: étudier différents procédés et travaux indispensables à l'horticulture comme le plantage, la greffe, la bouture, la taille, le pincement, sans lesquelles, même possédant de nombreuses connaissances théoriques, on ne peut entretenir et soigner con-

venablement un jardin. Pour qu'un jardin puisse remplir ce double but,
il faut qu'il soit un jardin modèle comme celui que nous voyons à
Nancy.

Les occupations pratiques des élèves ne devraient pas être fixées pendant la récréation, mais il faudrait y consacrer une heure spéciale et
elles doivent s'exécuter sous la surveillance du professeur du département.

L'expérience a démontré que les professeurs des départements sont
tellement surchargés de besogne, surtout en été, temps durant lequel ils
sont fréquemment en tournée, que malgré eux ils sont obligés de négliger
les études pratiques de l'école normale. Comme il est évident que les
occupations des professeurs des départements, non seulement ne diminue-
ront pas, mais augmenteront encore, le moyen le plus simple pour
sortir de cette fausse position serait de nommer des professeurs spéciaux pour lire ces cours d'agriculture à l'école normale.

Professeurs spéciaux
d'agriculture dans
les Ecoles Normales.

On pourrait aussi leur confier les applications de ce cours qui, selon
les réglements, doivent se faire pendant l'été, en exigeant qu'elles
soient plus nombreuses et mieux exécutées que celles qui ont lieu
maintenant.

Le rôle de ces professeurs spéciaux pourrait être rempli par les
instituteurs des écoles normales supérieures qui ont passé un stage
d'une année dans une école nationale d'agriculture ou à l'institut agro-
nomique, ou bien encore par les élèves qui ont terminé leurs études dans
ces établissements et qui, en outre, ont reçu à l'école normale supérieure des certificats d'aptitudes au professorat.

Mais revenons aux occupations pratiques.

Un travail purement physique, comme le nettoyage des sentiers,
ne pourrait guère être recommandé, mais il faut que l'élève passe tout
el cycle indispensable des travaux exclusivement horticoles, il est
nécessaire de distribuer ces travaux de manière que chacun d'eux donne
aux élèves de nouvelles connaissances.

Travaux pratiques.

L'appréciation du travail par des points serait aussi très utile, ainsi
qu'une plus large application du système suivant pratiqué dans les écoles
normales.

5

18

Par exemple chaque parcelle est confiée à 3 élèves: un du cours
supérieur, 2 du cours inférieur. Ces derniers sont sous la direction du plus âgé des élèves qui les guide dans leurs travaux. Le
directeur en venant au jardin peut voir en examinant les parcelles,
quel est le groupe qui travaille et celui qui ne s'occupe pas.

L'expérience démontre, que, si un jardin possède une quantité suffisante de plantes, l'élève peut facilement faire tous les travaux
horticoles; mais pour les connaître à fond, ils doivent faire tout eux-
mêmes. A cet effet il devrait avoir dans chaque jardin, un jardinier
expérimenté et intelligent qui pût intéresser les élèves. Si le professeur du département ne peut assister à leurs travaux, la présence du
directeur est indispensable sans quoi il arrive (je ne nommerai
pas l'école où j'en ai été témoin), que les élèves nettoient les sentiers
avec beaucoup de zèle, mais quand il est question de tailler les arbres
fruitiers, ils vont se promener dans le jardin; cela peut s'expliquer par
la raison qne le jardin était très mal entretenu et qu'il n'y avait pas
plus d'une dizaine d'arbres pour 80 élèves.

En résumant tout ce que nous avons dit plus haut, nous voyons
que dans l'intérêt de l'objet qui nous occupe, il seraient à désirer:



1º Une épreuve d'agriculture à l'examen final.

2º L'application plus large de la méthode expérimentale.

3º L'organisation plus sérieuse des travaux de jardinage, des diverses branches de l'horticulture et un bon entretien, (simple et bon
marché) du jardin afin qu'il puisse servir de modèle aux élèves-maîtres.

4º La surveillance personnelle du directeur ou du professeur du
département, et dans les départements où cette surveillance n'est pas
possible à cause du manque de temps, il serait urgent d'élire un
professeur spécial.

5º De plus fréquentes excursions agricoles et de nombreuses visites aux champs d'expérience et de démonstration, aux prairies, aux
établissements agricoles, aux fermes, aux vignobles et aux fabriques qui
ont quelques rapports avec l'agriculture.

Fixons maintenant notre attention sur la question générale: quel
peut et doit être le rôle des instituteurs par rapport à la propagation
des connaissances agricoles,

Selon nous, ce rôle ne peut être considérable que dans les pays, où la culture intensive est peu développée et où la moindre et la plus simple innovation est un pas fait en avant dans le progrès.

C'est un moyen très peu coûteux, surtout là, où le terrain n'est pas cher et où chaque commune peut librement donner la quantité de terrain nécessaire pour un jardin d'école, sans exiger de grandes dépenses pour l'instruction des maîtres qui acquièrent des connaissances agricoles avec celles qu'ils reçoivent à l'école normale. Ce système est surtout très utile pour les pays, ne s'occupant que d'une culture primitive, par exemple la Russie, où par suite de l'énorme étendue du pays, du manque de population et d'une pauvreté relative il se présente des difficultés pour donner un développement plus large à d'autres moyens de la propagation des connaissances agricoles: comme les écoles agricoles, les cours etc.

Ces derniers se développent avec succès, mais cependant nous ne devons pas attendre de si tôt le moment où ils satisferont entièrement les besoins du pays. Trente mille maîtres communaux sont dans ce cas un moyen efficace pour l'enseignement du peuple, bien qu'ils n'aient qu'à inculquer les améliorations les plus élémentaires introduites par l'agronomie dans une ou quelques branches de l'agriculture. Le jardin, cultivé par un maître s'intéressant à l'affaire et possedant en arboriculture des connaissances si minimes qu'elles soient, sera toujours mieux soigné que les jardins des paysans des environs et pourra leur servir de modèle; on peut faire la même remarque quant à son potager, à ses ruches, etc.

Nous voyons tout le contraire dans l'Europe occidentale, dans les pays, où la culture est plus développée, plus perfectionnée. Là l'agriculture est placée bien plus haut qu'en Russie. Pour étudier cette branche et pour bien exploiter les terres il faut beaucoup de connaissances spéciales et une grande expérience.

Par suite des continuels perfectionnements et des nombreux changements introduits dans la culture, le cultivateur est toujours obligé de suivre la marche des améliorations qui paraissent et renoncer à l'ancien système routineur pour en adopter un nouveau.

La concurrence universelle le force à se tenir constamment au courant des innovations, de consacrer tout son temps, toute la force de son esprit, tout son capital et même d'user de son crédit dans l'intérêt de l'affaire qui l'occupe, tandis que pour le maître l'agriculture est une occupation accessoire.

Dans les pays où l'agriculture a atteint un certain degré de développement, le maître, s'il s'occupe de son jardin sans être spécialiste, ne sera pas en état de servir de modèle à ses voisins, souvent il ne sera même pas capable d'entretenir son jardin comme eux. Ceci se voit aussi en ce qui regarde la grande culture. C'est pour ces raisons que le rôle du maître dans ces pays doit être plus modeste que dans des pays comme l'Autriche et la Russie, où ils ne doivent pas seulement utiliser les connaissances reçues à l'école normale au profit des jardins d'écoles ou bien pour être en état d'enseigner l'agriculture, mais, ils peuvent même avec un peu de bonne volonté diriger les populations en résolvant leurs doutes théoriques et en leur donnant des conseils simples et compréhensibles.

**Préparation pour l'agriculture des Instituteurs spécialistes.** Il est cependant avéré que les maîtres qui s'intéressent personnellement à cette branche peuvent par leur énergie et leurs connaissances être de la plus grande utilité pour les populations, même pour celles des pays où la culture est la plus parfaite, comme en Belgique et dans quelques parties de l'Allemagne.

Il n'est pas douteux que dans l'avenir la France pourra se féliciter de posséder beaucoup de tels maîtres; surtout si on fixe une plus grande attention sur les élèves des écoles normales et si on encourage ceux d'entre eux qui montrent des dispositions pour l'agriculture et qui font des progrès dans cette science. L'envoi de ces mêmes élèves pour un an dans un établissement d'agriculture serait fort désirable: d'après nous cette manière d'agir serait beaucoup plus pratique que l'envoi de tous les élèves qui finissent. Les inconvénients expliqués plus haut s'écarteraient d'eux-mêmes.

On peut toujours donner une bourse entière à deux ou trois élèves, qui trouveront en même temps assez de place à l'école. Ces favorisés, s'intéressant personnellement à l'objet de leurs études, tireraient beaucoup plus de profit de leur séjour dans l'établissement que ceux qui y sont envoyés contre leur gré et qui se hâtent de finir pour en sortir plus vite. Cette année pourrait être considérée comme une année de service et de tels boursiers devraient jouir de quelques privilèges. Les professeurs des départements pourraient en faire d'excellents aides en leur donnant une petite gratification supplémentaire.

Avec l'assentiment du ministre de l'agriculture et du ministre de l'instruction publique les professeurs des départements pourraient confier aux maîtres les observations sur les champs d'expérience et leur donner différentes missions concernant l'agriculture et même en profiter en qualité de lecteurs dans les cas où il serait urgent de mettre le laboureur au courant des moyens à employer pour lutter contre les insectes, l'épizootie etc.

Citons deux cas, où cette manière, que nous recommandons, — de favoriser une partie des élèves au lieu d'envoyer toute une classe aux cours spéciaux, a été appliquée en France.

Dans le département du Finistère on envoie depuis 3 ans 2 élèves diplômés de l'école de Quimper comme boursiers au Lezardeau pour suivre les cours de l'école pratique d'agriculture, ensuite ils sont spécialement chargés de l'enseignement agricole dans des écoles importantes, notamment dans les écoles primaires supérieures. Ensuite au mois d'août 1888 le Conseil général de l'Yonne a voté trois bourses annuelles pour autant d'élèves de l'école normale qui désirent étudier plus complètement l'agriculture, ils passent aussi un stage d'un an à l'école de la Brosse.

Indiquons encore un mode d'enseignement de l'agriculture pour les écoles normales où il n'y a ni jardins, ni champs convenables *).

L'Ecole Normale à Bruxe es.

Prenons Bruxelles comme exemple. Les élèves de l'école normale de la ville vont deux fois par semaine dans l'école d'agriculture la plus proche (15 minutes en chemin de fer) où ils s'occupent pendant

---

*) Il est à observer que dans la plupart des pays européens on trouve maintenant presque auprès de toutes les écoles normales de bons jardins. En Autriche par exemple sur 42 séminaires d'instituteurs,—où il est introduit grâce à la loi du 31 Juillet 1886 l'enseignement de l'agriculture et de l'horticulture,—31 ont des jardins, 4—des jardins et des pépinières et encore 4—des jardins et des champs d'expérience.

2 heures de travaux agricoles. La 1-ère heure est consacrée à un cours théorique et la seconde est employée à des travaux pratiques dans le jardin (jusqu'à présent c'était une école d'horticulture, mais on l'a réformée en école d'agriculture). Tous les matériaux de l'école, les jardins, les orangeries, les pépinières, les potagers et les champs d'expérience sont autant d'aides pour les élèves qui, de cette manière, ont de magnifiques modèles sous les yeux pendant la durée de leurs occupations.

Parfois, en France outre le cours ordinaire d'agronomie à l'école normale on organise encore des conférences sur quelque branche de l'agriculture, notamment le cours de sériciculture, dont jusqu'à 1888 était chargé le directeur de la station séricicole de Montpellier.

**Enseignement supplémentaire d'agriculture.**

Après avoir fini ses cours le maître peut continuer son éducation agricole en assistant avec ses élèves aux conférences du professeur du département (Seine inférieure, Vaucluse, Finistère etc.) On organise parfois des conférences exclusivement pour les instituteurs. Cela se fait ordinairement pour mettre les instituteurs au fait d'une branche quelconque de l'agriculture. De tels cours et conférences sont fort répandus en Autriche, on en rencontre aussi en France, mais malheureusement assez rare.

Le professeur du département de l'Ain, profitant de la réunion des maîtres pour écouter les conférences pédagogiques de l'Inspecteur primaire, fait aussi de son côté de petites conférences agricoles; leur caractère est plus théorique que celui des conférences qui sont faites aux cultivateurs; par exemple il a traité de la fraude des engrais chimiques; dans le département de Meurthe et Moselle et de la Saône et Loire on fait des conférences sur l'apiculture etc.

**Encouragement de la part des sociétés et comices agricoles.**

Les sociétés et les comices soutiennent énergiquement les efforts des maîtres pour la propagation de l'agriculture.

Il y a des sociétés, par exemple celles de l'Ardèche, de Tarn et Garonne, d'Eure et Loire, où les instituteurs ont le droit de faire gratuitement partie et de recevoir toutes sortes de publications, bulletins, recueils etc.

Outre cela on organise dans un grand nombre de départements, des concours qui ont pour but d'encourager les instituteurs qui se distinguent par le bon enseignement, à la fois théorique et pratique qu'ils donnent à leurs élèves. On accorde même des primes d'argent, objets d'art etc. aux instituteurs les plus dignes de récompenses.

Nous dirons plus tard quelques mots sur ces concours; maintenant remarquons les trois exemples suivants:

1° Dans le département de la Marne on a fondé 5 prix de 100 francs; ces prix sont décernés aux instituteurs qui se distinguent le plus dans le courant de l'année par leur enseignement agricole et horticole et par le bon entretien de leurs jardins (Ces écoles sont d'abord visitées par le professeur du département).

2° Dans l'Yonne 12 sociétés et comices agricoles du département, récompensent par des médailles, des sommes d'argent et des livres, les instituteurs qui se sont distingués dans les études agricoles locales, les statistiques agronomiques cantonales, les cartes agronomiques, les herbiers etc.

3° Legs de Camille Godard de 1000 frs. de rente pour récompenser les instituteurs qui feront faire le plus de progrès à l'enseignement agricole rural dans le département de la Gironde et pour les 4 départements limitrophes—trois prix annuels de 400, 300 et 200 frs.

Indiquons encore un moyen aussi intéressant qu'utile pour le développement des sciences des maîtres: c'est celui qui a été employé dans le département de la Haute Saône: un voyage des instituteurs dans un but agricole, par groupe de 30 maîtres, un de chaque canton, sous la direction de M-r Allard professeur du département. On avait décidé de visiter le département de l'Aisne. Les résultats obtenus ont été magnifiques. Les maîtres qui ont pris part à cette excursion, qui a duré 8 jours, ont assuré que pendant un ci cours laps de temps ils ont acquis plus de connaissances que durant leur séjour à l'école normale.

*Voyage des Instituteurs.*

Il est à regretter que ce voyage n'ait pu se renouveler dans la suite à cause, nous a-t-on dit, du manque d'argent. Le voyage est revenu à 4000 frs.

A leur retour les maîtres ont rédigé des comptes rendus dont quelques-uns sont très-intéressants. Ces rapports ont été examinés d'abord par le professeur du département, ensuite par une commission spéciale et les matières corrigées ont servi de texte aux conférences, auxquelles assistaient environ 4000 personnes. Quelle étrange coïncidence dans les chiffres! Si chacun des auditeurs a emporté une quantité de connaissances équivalant à un fr. (beaucoup, comme c'est constaté, ont introduit après ces conférences diverses améliorations dans leur culture) il est évident que les 4000 frs. dépensés ont été entièrement rachetés.

Primes du Ministère.

Les dernières primes du Ministère (20 pour l'année 1888 et 25 pour 1889) n'ont pas eu comme il nous semble, une influence particulièrement stimulante sur les instituteurs: « Trop d'appelés et peu d'élus» disait un d'entre eux *).

Une fois que l'agriculture est reconnue une branche obligatoire, il serait beaucoup plus pratique qu'il soit décidé que l'enseignement théorique et pratique sera pris en considération pour l'avancement des instituteurs. Ce remède serait réellement plus puissant que les récompenses décernées par les comices et les sociétés, et l'enseignement avancerait plus sérieusement et plus systématiquement.

III.

### Enseignement de l'agriculture dans les écoles primaires élémentaires.

Programmes.

L'enseignement de l'agriculture dans les écoles primaires se fait ordinairement selon le plan général, adopté par le ministère, sauf les cas, où l'on suit le cours des programmes, faits exclusivement pour un département quelconque. Il arrive toutefois qu'un programme départemental semble trop étendu ou peu approprié aux conditions locales; dans ce dernier cas on modifie le programme conformément aux différentes espèces de culture qui existent dans le dit territoire.

La société agricole du département de la Gironde s'est adressée en

---

*) En Belgique on pratique un très bon système d'encouragement des instituteurs qui veulent s'occuper d'horticulture. Dans ce but les Inspecteurs sont munis annuellement d'une somme de 500 fr. pour laquelle ils achètent une certaine quantité de plantes vivantes, de sauvageons pour les pépinières, de boutures, des meilleures espèces d'arbres fruitiers, semences et racines. Cette besogne des Inspecteurs, étant décentralisée, ils peuvent disposer librement de la somme indiquée en se conformant aux demandes des instituteurs.

1886 à l'Inspecteur de l'Académie, et lui a demandé de former une commission dans le but de grouper en trois ou plusieurs sections tous les cantons du département. Les groupes devaient être formés selon la similitude de leurs produits agricoles. La commission susnommée devait rédiger en même temps un programme d'un enseignement agricole approprié à chaque section. Pour les écoles du canton de Peyrehorade *) (département des Landes) l'Inspecteur de l'Académie a élaboré avec le concours de quelques personnes un programme de l'enseignement agricole (excursions et leçons). On en a fait de même dans le département des Bouches-du-Rhône et celui de l'Ain (Questionnaire-programme à l'usage des écoles primaires par M-er Grandvoinet, professeur départemental).

Ces programmes détaillés seraient précieux comme guide dans les mains des maîtres. Ceux-ci travailleraient mieux et le contrôle de l'inspection serait plus facile. A regret on ne fait ces programmes que fort rarement et la plupart des maîtres doivent se guider sur un plan général qui est trop étendu et manque de couleurs locales. La répartition des matières agricoles est, dans les différents départements, assez variée.

Quelques maîtres enseignent l'agriculture, distribuant les matériaux d'après les mois, dans l'ordre qu'exige le calendrier rural; d'autres se guident sur les grandes époques, c'est à dire les saisons de l'année; enfin les troisièmes ne suivent que l'ordre de succession de sujets à traiter.

Inspection.

A défaut d'Inspecteurs spéciaux dont le devoir serait de reviser l'enseignement agricole dans les écoles primaires, cet enseignement ne se développe pas partout de la même manière et dépend souvent de l'éventualité. Les inspecteurs généraux de l'enseignement agricole ne peuvent pas surveiller les écoles primaires, ayant déjà assez à faire avec les institutions spéciales, confiées à leur administration.

Les inspecteurs des Académies apportent naturellement toute leur attention aux sujets classiques, et plusieurs d'entre eux sont en principe contre l'enseignement de l'agriculture. Les professeurs départementaux s'abstiennent aussi de visiter les écoles primaires, n'ayant pas droit à cet effet. Il en résulte, que l'enseignement agricole, surtout son côté

---

*) Bulletin officiel №№ 305, 306 (1889).

7

pratique, ne dépend que de l'intérêt qu'y apportent les Inspecteurs primaires, de l'activité des comices et sociétés agricoles et surtout du zèle des maîtres.

Dans ma tournée en France j'ai trouvé sept types d'écoles élémentaires, se divisant en 2 grandes catégories, dont la première, comprend 2 types d'écoles avec l'enseignement de l'agriculture exclusivement théorique, tandis que dans les 5 types d'écoles de la seconde catégorie l'enseignement théorique est accompagné d'exercices pratiques.

**Enseignement théorique. 1-er type.**

Analysons d'abord les 2 premiers types:

*a*) Les écoles, où il n'y a pas de cours dogmatique proprement dit. Le professeur donne aux enfants les notions élémentaires sur l'agriculture et la comptabilité agricole au moyen de lectures expliquées, de dictées, de problèmes, de dessins et de leçons de choses. Il leur communique ainsi les notions élémentaires des sciences naturelles, en les appliquant à l'agriculture et choisit pour les rédactions les thèmes qui concernent l'économie rurale. Tous ces moyens, à l'aide desquels les enfants font progressivement connaissance avec les principaux éléments de l'agriculture, sont provoqués par le peu de temps libre, dont dispose l'instituteur, occupé par l'enseignement des autres sujets, essentiellement obligatoires. Ces moyens s'emploient assez souvent en France, — pas autant dans le but de donner des notions sérieuses à l'élève, que dans celui de l'intéresser au sujet, en lui inspirant l'amour de la nature et le goût des occupations agricoles. Cet enseignement a l'avantage de ne pas trop surcharger l'instituteur et en même temps il lui procure la possibilité d'initier les élèves à un grand nombre de notions utiles et intéressantes. En Bretagne dans l'arrodissement de Vitré (départ. d'Ille-et-Vilaine) on emploie même comme sujets de dictées des articles de journaux d'agriculture, que choisit l'Inspecteur primaire; ces dictées ont pour but de mettre les élèves au courant des questions nouvelles qui surgissent dans l'économie rurale, afin d'en tirer parti, selon les conditions locales. Ce mode d'enseignement se rencontre aussi en Suisse, dans le canton de Genève par exemple, où d'après la loi de 1886, le cours spécial d'économie rurale est dans les écoles primaires entièrement aboli, mais en revanche on y exige que tout l'enseignement soit basé là-dessus.

2-ème type.     *b*) Les écoles avec un petit cours d'agriculture.

Le maître communique aux élèves de légères notions sur l'agriculture; les élèves l'écoutent et imitent les dessins que le maître fait au tableau, après quoi ils écrivent dans leur cahier général de devoirs un petit cours, que leur dicte le maître, ou bien copient le résumé, écrit sur le tableau. A la leçon suivante les élèves des petites classes répondent de vive voix, tandis que les grands mettent parfois leurs notes en ordre, et ce travail leur sert de rédaction;—s'il ne s'agit que de le copier, il leur sert comme devoir d'écriture. En maintes occasions on donne aux élèves de petits manuels ou cathéchismes agricoles qui servent de complément à ce qui a été raconté en classe. Il arrive parfois qu'un maître n'étant pas lui-même très fort sur la question agricole et ne voulant pas se préparer pour ses leçons, donne à ses élèves un petit imprimé qu'ils étudient par coeur. Dans une des écoles, que j'ai visitée, les enfants connaissaient presque par coeur tout le petit manuel du Docteur Saucerotte (183 pages) Dans l'école mentionnée ce manuel étant petit n'a pas fait trop de mal, vu que le maître, s'intéressant à l'affaire lui-même, avait organisé pour les enfants des études pratiques,—mais en général, on ne peut guère recommander d'apprendre par coeur des manuels, qui traitent des sujets, demandant l'esprit observateur avant tout.

Musées scolaires.     Les petites collections qui entrent dans les musées scolaires et qui sont formées en partie par les maîtres eux-mêmes ou par les élèves,—sont très utiles à l'instruction théorique de l'agriculture. Il m'est arrivé de rencontrer de fort bonnes collections de céréales, comme graines en bocaux, plantes séchées, farine, son, etc.; d'autres concernant la sériciculture et les insectes nuisibles, des échantillons de terrains, d'engrais chimiques, et enfin de très bons herbiers. L'école de Cellettes (départ. de Loir-et-Cher) se distingue surtout par ses herbiers et ses dessins. Les collections formées par les élèves eux-mêmes sont plus utiles que celles qu'on achète. Elles sont beaucoup plus riches et peuvent être utilisées bien autrement que ces collections en miniature, qui ne sont appelées qu'à figurer sur les murs. Dans la circulaire de M. le Ministre de l'Intérieur et de l'Instruction publique à MM. les

28

gouverneurs de province (15 Fevrier 1890) nous trouvons quelques
observations sur l'organisation des musées scolaires dans les écoles primaires en Belgique, qui peuvent être utilisés en France.

«Il faut bien, dit la circulaire, se garder de conseiller à la commune d'acheter des collections toutes préparées. Avec de l'initiative, de la bonne volonté, de la persévérance, on parvient à créer,
presque sans frais, son petit musée agricole. Les seuls objets à acheter
sont les images et quelques instruments de physique; ces derniers peuvent même, pour la plupart, être confectionnés par l'instituteur, s'il
est un peu initié au travail manuel. Un écueil à éviter dans la formation du musée, c'est de réunir un trop grand nombre de collections,
c'est d'y admettre des choses de luxe, des curiosités plus ou moins
rares destinées à éclipser l'oeuvre d'un confrère, ou à émerveiller les
visiteurs. De telles fantaisies sont nuisibles; il faut savoir rester dans
le modeste domaine de l'école primaire, en appliquant la règle: faire
simple et utile pour faire bien.

Les enfants s'intéressent vivement aux collections qu'ils ont com-
posées eux-mêmes, à celles qui ont été réunies avec leur concours; c'est
déjà une première raison pour les associer à ce genre de travaux; en
voici une seconde plus importante: s'il est utile de faire observer aux
élèves une collection en rapport avec le sujet d'étude, il est plus pro-
fitable encore de les amener à rassembler eux-mêmes les éléments de
la collection, de leur apprendre à les conserver, à les classer, à les
disposer avec goût.

Les échantillons doivent avoir des dimensions qui permettent de les
apprécier aisément; on rejettera donc ceux qui sont trop petits ou trop
volumineux. Les feuilles de carton sur lesquelles on les dispose ordinairement ont l'inconvénient de gondoler, de casser sous le poids des
objets; les planchettes en bois sont préférables. On fixera les échantillons de telle sorte qu'on puisse facilement les enlever et les remettre
aux enfants. Ceux-ci doivent non seulement les voir, mais les toucher,
les manier, les examiner sous toutes les faces. Les bocaux contenant
les graines, les engrais commerciaux etc. seront fermés par des bou-
chons pouvant se retirer sans difficulté. Il est désirable que l'école
possède plusieurs échantillons de chacun des produits à mettre dans
les mains des enfants».

La classification doit être très simple: a) règne animal, b) règne végétal, c) règne minéral, d) agriculture, e) arboriculture, f) horticulture.

**Méthode expérimentale.** Les planches et les tableaux coloriés sont aussi utiles quoique la plupart de ceux que j'ai vus en France «édition Deyrolle» étaient d'un texte scientifique et non agricole. Un des moyens, dont se sert assez souvent le professeur pour mettre l'enseignement sur l'amélioration des plantes en pratique est celui de démonstrations effectuées sur les branches ou les arbrisseaux.

Le maître montre aux élèves différents procédés de greffage, d'écussonnage, les oblige à faire de même et s'il trouve une branche assez grande, il leur montre les principes de la taille. Il serait aussi très utile de recourir (alors que toute occupation pratique en plein air est impossible) aux petites expériences qui montrent comment un végétal se développe, vit et se multiplie. Par exemple des expériences de germination de culture dans l'eau et en milieu stérile. On emploierait dans ce dernier cas des pots avec une terre composée de briques ou de verre pilé, d'autres avec différents engrais, et d'autres enfin avec une bonne terre. Ce système, propagé comme on le connaît par le savant et énergique inspecteur de l'enseignement manuel M-r René Leblanc, a déjà été appliqué avec beaucoup de succès par certains professeurs es instituteurs. On peu citer M. Bidault, professeur des sciences naturelles à l'école normale de Beauvais, dont les expériences que j'ai vues, sont très intéressantes.

Il y a beaucoup de maîtres qui, n'étant pas satisfaits des occupations en classe, y ajoutent des travaux pratiques au jardin, dans les champs et font des excursions. J'ai déjà mentionné plus haut 5 types d'écoles avec l'enseignement pratique.

**Enseignement pratique. 1-er type.** a) Le maître fait connaître aux enfants l'agriculture en général, d'après l'un ou l'autre des deux systèmes d'enseignement ci-dessus mentionnés, et leur donne la permission d'entrer dans le jardin, où il cultive des arbres fruitiers et des légumes destinés à son usage personnel.

8

Il appelle l'attention des élèves sur les travaux d'horticulture et leur donne une idée sur les soins que demandent les plantations qui s'y trouvent. Les élèves assistent aux travaux, mais ordinairement n'y prennent point part. De temps en temps seulement, sous prétexte d'exercice, ils arrachent les mauvaises herbes et nettoient les sentiers. Le maître ne leur confie ni la greffe ni la taille des arbres.

2-ème type.

*b*) N'ayant pas à sa disposition personnelle de jardin assez vaste, le maître engage les élèves à faire leurs expériences dans les jardins de leurs parents. Les parents donnent volontiers à leurs fils quelques mètres de terrain, sur lequel d'après l'indication du maître l'élève cultive toute espèce de plantes, en lui appropriant l'engrais qu'il trouve nécessaire. Un travail de ce genre intéresse les enfants et développe en eux l'esprit observateur. L'élève fait part au maître du progrès des plantations cultivées par lui et a recours à ses conseils. En cas d'insuccès il cherche les moyens de lutter contre les obstacles qui viennent entraver sa culture. L'enfant s'habitue à l'indépendance de ses actions et, intéressé par le travail, écoute attentivement les explications du maître. Ce dernier visite de temps en temps les jardinets des élèves et leur donne des indications nécessaires.

3-ème type.

*c*) Le maître organise dans le jardin et le potager les études pratiques et régulières. Les élèves de l'école prennent part aux travaux essentiels du jardin. Ce sont eux qui préparent le terrain, ensemencent, transplantent, sarclent, greffent, taillent, détruisent les insectes, etc. etc. Leurs travaux sont appréciés par des notes. Comme récompense ils reçoivent des fruits, des légumes, des baies et même parfois de jeunes arbres déjà greffés. (Système usité de même en Russie). Souvent aussi on leur distribue de petites gravures nommées bons points et quelquefois des livres.

4-ème et 5-ème type.

*d*) Etudes pratiques au jardin et sur les terrains réservés à la grande culture.

Le maître éprouve les différents engrais chimiques sur les plantes céréales, fourragères et techniques.

*e*) Système des carrés.

Chaque élève reçoit un ou deux petits carrés. S'il n'a qu'un carré il doit choisir la culture maréchère ou celle des champs. Quand l'enfant reçoit 2 carrés, il cultive sur le premier — des fleurs, des légumes, et des arbres fruitiers, greffés par lui.

Sur le second carré, destiné à la grande culture, il sème des céréales, des plantes fourragères etc.

Si ces travaux sont menés systématiquement, l'élève peut traverser dans le courant de 4 années tout le cycle des travaux agricoles, en changeant tous les ans l'ordre des plantes et apprend à connaître le système quatriennal des champs.

De cette façon l'écolier est à même de comprendre les principes essentiels de l'assolement et de la fructification des légumes, ainsi que d'autres plantes.

Il apprend en même temps à cultiver le sol et, à connaître l'influence, qu'exerce la profondeur de l'ensemencent des grains sur leur levée, leur prospérité etc.

**Comparaisns des 5 types.** Nous voyons donc par là que ce dernier système est le plus complet. Les élèves acquièrent ainsi des connaissances théoriques et pratiques, prennent part aux travaux et peuvent voir la différence qui existe entre la nouvelle culture perfectionnée et la routine d'autrefois.

Il semblerait donc en somme, que ce système devrait être le plus répandu, mais il a ce désavantage que, mis en pratique, il donne parfois des résultats contraires. Prenons comme exemple le plan des travaux pratiques à l'école Huisseau sur Cosson (Loir-et-Cher). **L'école à Huisseau sur Cosson.** Le jardin de l'école occupe 16,92 ares. La moitié de cet espace est semée de luzerne. De la seconde moitié environ 4 ares sont occupées par un potager et les derniers 4 ares par un jardin d'expérimentation et un jardin viticole. Les bordures servent à la culture des fraises.

Le maître emploie 1 ou 2 heures par semaine à des leçons théoriques et tâche de donner à tout son enseignement une teinte agricole. Il ajoute à cela des leçons pratiques qui se font au jardin d'expérimentation pendant les récréations. Les élèves les plus âgés reçoivent chacun 2 carrés de terrain, et la grandeur de chaque carré est d'un mètre □.

Dans l'un de ces carrés doit être planté un arbre (sauvageon) que son propriétaire greffe et taille lui - même. Ce carré n'est occupé que de plantes potagères et de fleurs: c'est le jardin d'agrément. Le second carré ne reçoit, au contraire, que des plantes fourragères et des céréales telles que: seigle, blé, avoine, treffle, luzerne etc. Par opposition au premier, ce deuxième carré doit représenter la grande culture. C'est sur ce second carré qu'on devrait faire les essais d'engrais, d'amendements, de stimulants etc. Enfin à côté du terrain, nommé «jardin d'expérimentation» l'instituteur a établi un jardin viticole, dans lequel sont réunis tous les différents cépages de cette région, afin que les futurs vignerons puissent avoir l'occasion de tailler chacun un ou deux ceps et en avoir soin jusqu'à leur sortie.

Ce plan, très joli sur papier, n'a pu donner de sérieux résultats, car il est impossible qu'un seul mètre carré puisse offrir un jardin, un verger et un potager; ces carrés n'étaient donc au fond qu'une caricature de la grande culture. Lors de ma visite, le jardin d'expérimentation avait un aspect assez médiocre.

Les plantes exigent des soins réguliers et systématiques que ne peuvent donner les enfants, occupés par leurs examens.

Tout y était étouffé par la mauvaise herbe et desseché en partie; il était évident que toute expérience y serait infructueuse. M-r Coffrant le maître, homme intelligent et éclairé paraît lui-même desillusionné sur ce système.

L'école à Coullanges.

Toutefois l'idée d'occuper les élèves par la culture de leur propre jardin est bonne. Ces derniers, poussés par l'émulation et voyant les progrès de leurs camarades tâcheront de travailler avec plus d'entrain pour obtenir les plus belles fleurs, plantes et légumes. De plus ils peuvent en tirer beaucoup de connaissances utiles.

Il en est de même à Coullanges (Loir-et-Cher). Chaque élève de la 1-ère division est chargé de la culture d'un petit carré, les élèves consignent à quelle date est semée la plante, sa sortie de terre, sa floraison etc. sur un petit carton, placé dans un cadre au bord du carré.

L'instituteur a remarqué que beaucoup d'enfants ne savaient pas encore à quelles dates devait être semée ou fleurissait telle ou telle plante de jardin, de potager ou des champs; or, ces notices leur servent à affermir leurs connaissances.

L'école Rimbaut.

M. Blanc de l'écoleRimbaut (Pyrénées Orientales) a essayé d'appliquer ce même système des carrés et les résultats étaient tout différents.

En 1887 il a obtenu de la commune d'Argelès un terrain communal inculte et en friches de 5000 mètres □ de superficie à la condition d'en faire un champ d'expérience et un jardin scolaire. En 1889, 2000 m. □ étaient défrichés, labourés, bien dépierrés, mis en culture et forment aujourd'hui un champ d'expérience.

Selon le réglement du jardin scolaire l'instituteur se fera aider dans les travaux pratiques par un jardinier (art. 2).

Le terrain doit être partagé en raison de 25 m. □ par élève des cours moyen et supérieur. Le reste de la terre formera le champ d'expérience (art. 3). Chaque élève reçoit la récolte de la parcelle sur laquelle il travaille, (art. 4 et 5). Les travaux scolaires durent pendant l'hiver 35 minutes et pendant l'été 45 minutes par jour (art. 7) etc. Il est évident qu'un maître qui a à sa disposition 5000 m. c. et un jardinier pour le seconder peut mener l'affaire sur une échelle plus grande. En effet, à juger d'après son compte rendu, il a fait des expériences très intéressantes et bien réussies. En 188$^7/_8$ il a semé 11 variétés de blé, reçues du Ministère d'agriculture, pour comparer le rendement de ces variétés avec celui du seigle du pays.

L'étendue des parcelles était de 40 mètres.

L'expérience a démontré que plusieurs variétés de blé peuvent donner dans ces contrées une bonne récolte et fournissent une paille excellente et abondante. Ensuite il a fait des expériences sur la culture des topinambours, du moha de Californie, sur l'influence des engrais, sur le rendement des pommes de terre, etc. En fait d'horticulture l'instituteur a semé différentes graines potagères provenant de Vilmorin (rendements supérieurs en qualité aux semences régionales) 24 arbres de différentes essences dans le champ d'expérience et 5 arbres autour de la fontaine publique. En 188$^8/_9$ il a continué ses expériences sur les variétés de blé (les mieux réussies à la dernière récolte), sur divers engrais et amendements, les pommes de terre etc.

Une pépinière a été fondée avec 1700 riparias. Les efforts du maître eurent un succès incontestable: les paysans intéressés à ses expériences viennent lui demander conseil et acceptent des semences améliorées. Ce qui est original, c'est que le champ d'essai ne remplit pas le véritable but scolaire, vu qu'il ne sert point les enfants, le projet des carrés n'y étant point réalisé (au moins jusqu'à présent). Toutes les expériences, malgré leur succès, ont de l'importance principalement pour les adultes et non pour les élèves. Le terrain porte le nom de «jardin scolaire», mais le maître lui-même dans son compte rendu du 10 Avril 1889 au Professeur de l'agriculture, dit: «En fondant le champ d'expérience le but proposé était avant tout, d'être utile aux cultivateurs de ma région».

Appréciation du système des carrés. Ces deux exemples suffisent pour apprécier la signification des champs d'essai divisés en carrés pour les écoles primaires.

Quand le jardin scolaire est divisé en parcelles de 2 ou 3 m. ☐ pour chaque élève, il n'est qu'un accessoire pédagogique, fait pour intéresser l'enfant au jardinage et développer l'esprit d'observation, mais non pour lui donner des notions exactes d'agriculture. Ce système demande des enfants bien préparés, un jardin très soigné et une surveillance stricte du maître; aussi n'existe-t-il que dans le cas exceptionnel, où le maître lui-même est intéressé à l'affaire. Alors cette méthode est bonne, surtout si elle est appliquée pendant plusieurs années. Mais aussitôt que l'attention du maître faiblit, ce qui peut toujours arriver, car il n'est point intéressé, dis-je, au système des carrés, comme il l'est à la culture du jardin, on voit toutes les lacunes de cette méthode. Les carrés sont négligés et ne servent à rien.

Si le terrain est très grand, les inconvénients sont encore plus sensibles, car les enfants ne sont pas en état de faire seuls certains travaux champêtres, et la surveillance devient plus difficile.

Le système des carrés est projeté par le maître de Bainville. Il fut pratiqué avec succès dans les écoles de l'arrondissement de Toulon et à Lyon, mais l'école Le Sel (Ille-et-Vilaine) l'a abandonné aujourd'hui.

L'école à Merry-Corbon. Le système des champs d'essai non divisés en carrés et leur culture par le maître et ses élèves a plus de valeur pratique. L'école de

Merry-Corbon peut être citée comme exemple sous ce rapport. L'automne dernier 50 ares de champ ont été joints à l'école, à 150 mètres de distance des bâtiments scolaires. Les $^2/_3$ du champ d'expérience ont été ensemencés de blé. Pour pouvoir faire des expériences comparatives d'engrais chimiques dans un sol de même composition et sur une même espèce de blé (le Goldentrop) ces deux tiers ont été divisés en 10 parcelles d'égale grandeur de 3 ares 30 centiares chacune. Jusqu'alors les paysans n'employaient point les engrais chimiques ou les employaient sans discernement. Le maître voulut reconnaître les engrais qui convenaient le mieux au sol. En outre il n'a employé pour ses expériences que des engrais qu'on peut se procurer facilement dans la contrée. Du temps de ma visite à l'école la différence entre les parcelles était très apparente. Je distinguai surtout les parcelles №№ 4 et 5 avec le thermophosphate et engrais Béquet, №№ 1, 2 et 9 avec le sulfate d'ammoniaque et le thermophosphate. Le troisième tiers était employé à faire des essais avec la betterave et 8 espèces de pommes de terre et aussi pour planter une pépinière de $1^1/_2$ are, se composant de 100 merisiers 300 pommiers et 180 poiriers. De plus il y a un jardin de 6 à 7 ares et un potager pour le maître. Le tout est dans un ordre parfait. Le maître ne se contente pas des légumes du pays assez médiocres, et fait venir des semences de plantes perfectionnées et les cultive dans son potager. Chaque élève du cours supérieur cultive sa plate-bande.

Surveillé par le maître, il fait lui-même tous les travaux nécessaires. Les résultats obtenus par le maître sont étonnants, bien qu'il dirige l'école depuis peu.

Les pommes de terre, les choux, les pois, sont bien plus grands, plus féconds ou plus hatifs que les produits du pays. Le maître veut d'abord s'assurer par expérience des espèces favorables au terrain avant de les propager. Il emploie non seulement le fumier ordinaire, mais encore les engrais chimiques, le gouano, et son jardin, quoique petit, peut servir de modèle aux paysans. Ce qu'il faut surtout noter à Merry-Corbon, c'est le savoir du maître d'intéresser les élèves au jardinage, de leur faire les explications à leur portée, de trouver des occupations même pour les tout petits. Pendant les semailles de la betterave ces derniers mettaient les grains dans les trous creusés, à la plantation de la pépinière ils assistaient d'abord au travail des grands et plus tard ils sarclaient la haie vive. Les élèves du cours supérieur prennent part à tous les travaux. En lisant leurs comptes rendus des excursions on voit le vif intérêt, qu'ont les enfants pour les occupations pratiques; ceci encore est l'oeuvre du maître.

Un jeune élève, Joseph Provost, écrit dans son compte rendu d'une promenade scolaire—que les élèves avaient ramassé une quarantaine d'églantiers qu'ils ont plantés ensuite dans le parterre et ajoute:

«Au mois de Juin chacun de nous écussonnera un ou deux églantiers; ce sera une leçon d'écussonnage pratique, car, si la théorie est bonne, la pratique est encore meilleure. Ces simples paroles d'un enfant correspondent pourtant à l'idée exprimée par Kant, qui disait souvent que «le meilleur moyen d'apprendre quelque chose, c'est de le faire soi-même».

Pour graver dans l'esprit des écoliers les expériences faites, l'instituteur conserve au musée scolaire un spécimen des engrais employés. Après la récolte on joint à chacun un résumé des produits obtenus par l'emploi de cet engrais, qu'il ait été employé pur ou mélangé. Afin d'illustrer ses lectures sur les insectes nuisibles le maître a collectionné les insectes du pays dans toutes les phases de leur développement. Comme récompense, le maître donne aux élèves son fusil pour tirer à la cible. Cette occupation les amuse beaucoup et encourage leur attention. Les parents envoient volontiers leurs enfants, même pendant les vacances et s'intéressent aux progrès des champs d'essai.

Travaux au jardin scolaire.

Mais les champs d'essai comme ceux de Merry-Corbon sont rares. A peine y en a-t-il 15 ou 20 dans toute la France sur 80 mille écoles actuelles. Du moins on parle fort peu des champs d'expérience scolaires dans les comptes rendus envoyés à M. l'Inspecteur de l'enseignement agricole à la suite de l'enquête de 1889. On y parle plus souvent d'écoles, dans lesquelles les enfants travaillent au jardin et au potager sous la surveillance du maître qui leur enseigne de mettre en pratique les principes d'horticulture, de dendrologie et de jardinage.

Tantôt les enfants font tous les travaux, tantôt ils ne font que les plus difficiles et les plus utiles. Sous ce rapport chaque école suit son propre programme.

Le temps consacré aux travaux champêtres est aussi très varié dans les différentes écoles. Dans quelques-unes les enfants travaillent tous les jours, dans d'autres—une fois par semaine. Les outils sont au maître ou aux enfants. Pendant les vacances les élèves viennent rarement. Le succès des travaux champêtres dépend d'abord du savoir du maître, ensuite de l'appui moral et matériel que lui prêtent les communes.

L'école à Fontenay-sous-Bois.

Il y a, par exemple, l'école à Fontenay-sous-Bois (dép. de la Seine) qui possède un jardin acheté par la commune, grâce aux soins de M. Clément, délégué cantonal et M. d'Ollendon, Inspecteur primaire. Le jardin n'est pas grand, mais l'ordre y est parfait.

Le cours oral du maître a un caractère pratique. Les élèves le rédigent dans leurs cahiers et le complètent de dessins copiés d'après le tableau noir.

L'école à Feignies.

Il y a encore une école modèle à Feignies, dans le département du Nord. Le maître et son substitut—père et fils—ont obtenus des résultats excellents dans l'enseignement théorique grâce à la méthode expérimentale. Les élèves dessinent très bien les objets agricoles.

Cette école a exposé au concours régional d'Amiens 17 grandes feuilles de dessins exécutés par les élèves. Ces dessins se distinguent tous par leur application pratique et le fini de la forme. L'école possède un excellent musée agricole, collectionné en partie par les élèves.

On arrange toutes les semaines des promenades aux champs et aux fermes. L'enseignement entier a un caractère agricole et les cahiers des écoliers contiennent souvent des rapports très intéressants de promenades scolaires, des exercices, des dictées, etc. Les opérations pratiques ont lieu dans le potager et le verger de 40 ares qui sont bien soignés. On voit dans le potager un assolement régulier des espèces perfectionnées de plantes et l'utilisation des murs. Les travaux des enfants prouvent que ceux-ci s'intéressent au jardinage et qu'ils travaillent avec discernement. A l'instar de l'Allemagne le maître a organisé une petite société pour protéger les animaux et les oiseaux utiles. Les écoliers ont détruit plusieurs mille insectes pernicieux (à peu près 160 mille) et ont pris soin de 250 nids d'oiseaux utiles et de 72 animaux.

**Enseignement agricole à Paray-le-Monial.**

Je ne détaillerai point les écoles où les élèves ne prennent pas part aux travaux pratiques, mais se contentent d'assister aux occupations du maître et d'écouter ses explications. Il y a beaucoup de ces écoles-là. Je veux parler d'un mode sympathique d'enseignement agricole que j'ai vu à Paray-le-Monial (dép. de la Saône). M. Devil, praticien, amateur d'agriculture et d'horticulture, s'est chargé de lire gratis dans 4 écoles voisines un cours limité d'économie rurale en 10 séances. Chaque séance est suivie d'exercices pratiques dans le jardin du maître d'école; quelquefois dans le même but M. Devil réunit les enfants les jeudis à sa ferme particulière. Cette méthode a de bons résultats. *).

**Lacunes dans l'enseignement agricole.**

En examinant tous les types d'écoles que nous venons de détailler, nous trouvons que plusieurs ont des défauts considérables. Il y a surtout une méthode d'enseignement très répandue, —celle de faire apprendre par coeur de petits manuels, qu'il faudrait abolir finalement. Nous croyons savoir plusieurs raisons d'être de cette méthode:

1) Certains instituteurs qui n'ont pas été à l'école Normale ou qui l'ont terminé avant 1879, ne sachant pas l'agriculture à fond même dans les limites du cours élémentaire préfèrent s'en tenir au texte du livre. Des maîtres mieux préparés se passeront facilement du manuel.

2) Les concours établis par les institutions locales en général sont mal organisés. Le maître prévenu d'avance choisit quelques élèves doués d'une mémoire facile et pendant un mois ou deux il leur fait apprendre par coeur un petit catéchisme agricole.

---

*) Signalons encore les écoles Dominelais et Bourg-des-Comptes dans le département d'Ille-et-Vilaine; puis à Cellettes, à St. Dye-sur-Loire et Ousouer-le-Marché dans le dép. Loir-et-Cher. Dans le dép. Meurthe-et-Moselle il y a une école à Bainville avec un champ d'expérience, mais les enfants ne le cultivent point. L'école à Créon, dans le dép. de la Gironde—très bons résultats pour la viticulture; dans le dép. Isère à Rives—un champ d'expérience, à Rossillon—une pépinière; dans le départ. de la Saône-et-Loire—Marcigny—il y a un jardin; dans le dép. de la Loire, à Chambéon—champ d'expérience. A l'école de Camon, près d'Amiens dans le dép. de la Somme, un jardin etc. etc.

Toutes les autres occupations sont négligées pendant ce temps. Les enfants sacrifient leur temps et leurs forces à l'étude mécanique de ce catéchisme et lorsqu'ils sont en état de répondre sans s'arrêter à chaque question posée dans le livre, ils passent pour être bien préparés. Il résulte que les enfants reçoivent des prix pour leur bonne mémoire et les maîtres pour un mois de travail forcé. Mais ces connaissances factices ne laissent pas de traces. J'ai vu des enfants débiter au concours une quantité étonnante de noms, de chiffres, d'épithètes et quand l'examinateur—praticien leur demandait la chose la plus simple de la vie ordinaire, ils donnaient rarement une réponse satisfaisante. Ce qui m'a frappé surtout, c'est que les meilleures réponses étaient celles des enfants citadins, qui n'avaient jamais vu la campagne.

3) L'organisation de la commission des concours n'est pas normale. Il s'agit d'examiner en un seul jour 100 à 150 enfants (garçons et filles) envoyés par 15 à 20 écoles. Une grande partie de la journée est prise par les devoirs écrits et la correction de ces derniers; il ne reste donc que peu de temps pour les réponses orales. La commission ne pouvant pas examiner elle - même tous les enfants se divise en sous-commissions. Mais il arrive souvent que ces dernières manquent de personnes compétentes. Chaque sous-commission ne compte qu'un seul membre à vrai dire, vu que les membres adjoints ne s'y intéressent guère; or, cet examinateur, désirant en finir au plus vite avec les enfants, leur pose peu de questions et encore toutes ces questions veulent-elles des réponses exactes, chargées de noms, d'années, etc. Il est clair que tant que le concours récompensera les réponses apprises par coeur, le travail préparatif du maître sera conforme au système du concours.

4) Le même système de concours pousse les instituteurs à organiser et à apprêter, pour ainsi dire, de petits jardinets pour l'arrivée de la commission qui visite les jardins des instituteurs dans les départements, où l'on donne des prix aux maîtres, non seulement pour le succès des élèves, à l'examen du concours, mais encore pour l'état de leurs jardins et le savoir d'y attirer les enfants. Le désir de gagner le prix, de faire valoir le jardin avec ses accessoires pédagogi-

40

ques aux yeux des autorités, force le maître de donner tous ses soins à
son enclos pendant l'été du concours. Ils créent sur un petit terrain
40 champs d'expérience avec parterre, potager et pièce de grande
culture, large d'un mètre carré; mais une fois le prix, la médaille ou
le vase de Sèvres obtenu, le jardin est abandonné et l'enseignement
agricole négligé.

5) On se demande après tout, si l'emploi des manuels agricoles
dans les écoles primaires élémentaires doit être entièrement con-
damné? Oui, si les instituteurs continuent à obliger les élèves de
les apprendre par coeur,—non, s'ils en usent comme d'un moyen auxi-
liaire pour le cours supérieur. Dans les écoles où ce dernier n'est
pas encore introduit, on pourrait profiter pour le degré supérieur du
cours moyen. Les écoliers y trouveraient une lecture appropriée et
une rédaction systématique des choses apprises oralement.

A présent, comme nous l'avons remarqué, dans quelques écoles françaises, il arrive que les élèves écrivent tout un cours systématique,
mais cela ne leur réussit pas toujours, car pour reproduire exactement
une leçon expliquée il faut beaucoup de temps et de besogne. Un
autre système, celui d'écrire de petites notions qui sont dictées par
le maître, comme cela se fait assez souvent, dans le cahier général
de devoirs, a certains inconvénients. L'école finie, l'élève «disperse
ses cahiers», comme dit un instituteur, «à tous les vents» et il ne
lui reste rien, ni cahier, ni livre, où il pourrait vérifier ses connaissances, se rappeler les conseils de son maître. Dans ce cas un petit
manuel précis, clair, sans trop de termes scientifiques et approprié à
l'usage local, serait de grande valeur aux écoliers actuels et à ceux
qui ont quitté l'école.

Toutefois il ne faut pas oublier que dans l'enseignement primaire
il est toujours préférable de présenter, si c'est possible, à l'attention
de l'enfant—l'objet avant le livre, la chose avant le mot et le signe,
et que le meilleur livre d'agriculture pour un élève—c'est le jardin,
le champ et le potager, où travaillent ses parents à la sueur de leur
front...

Nous croyons donc que l'enseignement devrait être organisé de la
manière suivante:

Voeux sur l'enseigne-
ment de l'agriculture,
dans les écoles pri-
maires élémentaires.

1) Le cours indépendant et dogmatique d'agriculture ne convient pas aux écoles primaires élémentaires. L'enseignement des premiers éléments de l'agriculture devrait être fait pendant les deux premiers cours à l'aide de divers exercices scolaires, tels que: lectures expliquées, rédactions, dictées, problèmes et dessins, suivis dans le 3-ème cours d'un résumé succinct.

2) Les notions données devraient être illustrées par de petites expériences en classe sur la végétation des plantes et à l'aide des objets intuitifs des musées scolaires qui rendent l'étude plus intéressante et l'acquisition des connaissances plus facile *); surtout il faut profiter des excursions aux champs, visites aux fermes et, quand les circonstances le permettent, des travaux dans le jardin scolaire, pour éveiller chez les enfants l'esprit d'observation, d'analyse et de synthèse et leur inspirer le goût des occupations.

3) Les exercices et les travaux nommés ne doivent pas se faire fortuitement, mais d'une manière suivie et formant une série de leçons bien coordonnée et revenant au moins deux fois par semaine.

4) Les principes donnés à l'école, ce «Temple d'axiomes», doivent être clairs et exacts. L'instituteur se gardera bien de toucher les questions discutables **).

5) Pour rendre la tâche des instituteurs plus facile, il serait utile d'élaborer des programmes bien déterminés et en cours concentrique, qui pussent leur servir de guide.

6) Il est à désirer que les instituteurs continuent à organiser des musées scolaires et à compléter les bibliothèques de livres agricoles populaires ***).

---

*) Il est à observer que dans les écoles primaires élémentaires il serait préférable d'employer comme matériel pour les petites expériences et démonstrations principalement des objets usuels, qu'on trouve toujours sous la main et qui, par leur simplicité ne frappent point l'oeil de l'élève; car si le maître se sert dans ses leçons d'objets peu connus, le sens de l'expérience peut échapper aux élèves qui portent toujours leur attention sur le côté extérieur de l'objet.

**) J'ai eu l'occasion d'assister à un concours, où l'examinateur, différant d'opinion avec son confrère sur la question abordée, ne pouvait aboutir à une conclusion quelconque. L'élève, ne sachant qui croire, était fort embarrassé.

***) Il y en avait fort peu dans les écoles que j'ai visitées. j'ai pu constater toutefois quelques applications pratiques des connaissances puisées par les élèves dans de pareils livres.

De même il faudrait faire des promenades scolaires à la saison favorable d'une manière plus régulière.

7) Les examens des concours sont inutiles parce qu'ils sont faits pour vérifier la mémoire des enfants et non leur raisonnement et l'esprit d'observation. L'instruction agricole doit être de règle dans une école de village et les prix extraordinaires pour l'encourager sont déplacés.

Des devoirs à ce sujet seraient évalués par des notes et les meilleurs écoliers recevraient des prix à la fin de l'année comme pour les autres études.

8) Pour distinguer les maîtres, la commission doit baser ses jugements sur les choses suivantes:

a) les rédactions des écoliers et les comptes rendus des promenades scolaires qui prouvent clairement, si les enfants comprennent quelque chose ou s'ils répètent machinalement les paroles d'autrui b) les collections et les herbiers, recueillis par les enfants, leurs dessins de différentes branches d'agriculture; c) les travaux et comptes rendus des maîtres-mêmes; d) les visites de la commission au jardin scolaire et e) les quelques questions adressées aux enfants sur les lieux mêmes. En agissant de cette manière les instituteurs ne recevraient plus le prix, parce que 5 élèves savaient par coeur un manuel agricole, ni pour l'état brillant des carrés organisés et cultivés à l'époque du concours seulement; mais ils pourraient le mériter pour le savoir réel des enfants et grâce à la bonne méthode pratiquée pendant un laps de temps assez prolongé.

9) L'extension des travaux pratiques dans les jardins serait aussi très désirable, mais pour avoir le droit de le demander, il faudrait que toutes les écoles des villages possèdent des jardins d'une grandeur suffisante (d'après nos combinaisons près de 30% d'écoles n'ont pas encore de jardins *).

10) Quant à la question: lequel des systèmes est le meilleur? il est difficile d'y répondre d'une manière précise.

---

*) Il est à regretter que la France actuelle ne possède point de chiffres statistiques concernant la quantité des écoles sans jardins. Donnons quelques notes sur l'état de cette question en Russie. Sur 30 mille écoles actuelles près de 18 mille ont des jardins, et selon le § 6 du réglement de 4 Juin 1875, concernant l'organisation des écoles primaires élémentaires chaque nouvelle école publique doit être munie d'un terrain—minimum d'un hectar de superficie. Dans le gouvernement de Moscou il y a des districts, celui de Véréia par

Si les instituteurs étudient sérieusement dans les écoles normales l'horticulture théorique et pratique, il n'y a rien de plus naturel alors, qu'ils cultivent ce même goût chez leurs élèves. Tel maître ne fera que montrer aux enfants un mode de culture, tel autre fera travailler les enfants mêmes au jardin, s'il est assez grand, un troisième trouvera peut-être un moyen de donner à chaque élève une couche à soigner.

Chacun de ces systèmes, surtout le 2-ème et le 3-ème peuvent donner de bons résultats, s'ils sont appliqués sensément.

Si le maître suit ce plan, il remplira sa mission modeste, mais bienfaisante dans l'enseignement primitif de l'économie rurale.

Il n'apprendra pas à son élève l'agriculture des 5 parties du monde, mais il lui donnera, de même que pour les autres études, des notions exactes sur les principes nécessaires d'agriculture qu'on ne peut plus ignorer de nos jours. Il saura peut-être intéresser l'enfant à cette étude, lui développer l'esprit d'observation, la faculté de raisonnement, le caractère d'entreprise. Alors l'élève, en quittant l'école, ne songera pas à s'établir en ville, mais restera au village pour améliorer la culture de ses champs à force de travail assidu et d'expérience acquise.

Lorsque le maître enseigne à l'enfant les principes élémentaires d'économie rurale, appropriés à l'usage local et à la portée de l'enfant, il ne quitte point son rôle de precepteur, pour lequel il est préparé.

**Projet d'examen.** Quant à la question des champs d'expérience elle doit être modifiée. Mais avant de passer à la question des champs d'expérience je veux parler d'une réforme exigée par des personnes compétentes. Je parle des certificats d'études.

Aujourd'hui après l'art. 260 de l'arrêté organique du 18 Janvier 1887, disposition additionnelle du 24 Juillet 1888, l'examen peut comprendre des interrogations sur l'agriculture seulement sur la demande du candidat. Mais cette demi - mesure semble insuffisante aux partisans de

---

exemple. où *toutes* les écoles primaires élémentaires ont des pépinières et des jardins d'étude, dont l'entretien se rachète et quelques-uns donnent même un petit bénéfice. De même on trouve de très bons jardins scolaires dans le gouvernement de Pskow, de Wilno, Grodno et dans la Terskaia Oblast, où le terrain annexé aux écoles atteint parfois 6 et même 8 hectares L'enseignement horticole a un caractère pratique.

l'instruction agricole et ils insistent sur l'examen obligatoire d'agriculture pour obtenir les deux certificats et les deux brevets. Nous voyons même ce désir réalisé dans le département de la Haute-Vienne, où dans plusieurs communes les questions agricoles sont obligatoires à l'examen pour avoir le certificat d'études. Propager cette règle ou au moins exiger du candidat des preuves de ses occupations agricoles (fournir des rédactions, des comptes rendus de promenades scolaires, des collections, des herbiers etc.) serait à notre avis de haute importance et donnerait la sanction à l'enseignement agricole.

Les maîtres y mettraient plus de zèle, car leurs capacités professionnelles sont jugées d'après les résultats des examens des certificats d'études. Il est naturel qu'ils cultivent plutôt les études qui seront demandées à l'examen pour obtenir le certificat d'études. Dans le dép. des Ardennes on demande aujourd'hui pour les deux brevets une épreuve par écrit sur un sujet se rattachant aux questions agricoles; le département de la Hante - Saône est allé plus loin et a crée à côté du brevet élémentaire un brevet spécial - agricole. Une fois l'examen d'agriculture et d'horticulture établi pour le certificat d'études primaires, nous croyons logique d'arrêter un examen technique agricole ou industriel aux écoles primaires supérieures ainsi que des épreuves orales ou même par écrit pour les 2 brevets.

**Champ d'expérience.** Mais retournons à la question des champs d'expérience organisés par les maîtres. Ces champs peuvent être utiles aux enfants comme but de promenades scolaires, encore mieux si les enfants les cultivent eux-mêmes, mais leur raison d'être c'est de servir de modèle aux paysans du voisinage.

Le champ de Merry-Corbon, dont nous avons parlé, fait une exception. Pour s'occuper avec succès d'un champ d'essai, le maître doit avoir des connaissances spéciales pour lesquelles il n'est point préparé; de plus il doit faire une dépense considérable de temps, d'argent et de travail personnel.

Pour avoir de la valeur les expériences doivent être répétées avec système plusieurs années de suite.

Une expérience gagnée doit être contrôlée avant d'être exploitée.

par la population. Le maître d'école qui organise lui-même un champ
d'essai sur le terrain assigné, se charge d'une besogne nouvelle, étran-
gère à ses occupations ordinaires et, s'il est approuvé par le professeur du département, mérite un subside annuel pour les frais de la
culture et son propre travail.

C'est une erreur, il nous semble, que de récompenser la culture des
champs d'essai par des lettres de remercîments, des livres ou des médailles (j'ai vu un maître d'école qui en avait 14, il m'a dit qu'il en
avait déjà de trop).

Les propriétaires fonciers et les cultivateurs organisent volontiers
des champs d'essai, mais ils ont leur fumier, leurs semences et tout le
reste. La culture même ne leur coûte pas beaucoup, puisqu'ils ont les
outils nécessaires, le bétail etc. Le maître d'école sans ménage est
dans une position bien différente. Il paye tout comptant et gagne fort
peu. Mais ce qui est plus grave encore: le fermier se contente de faire
un essai, le maître est obligé d'en faire plusieurs pendant des années
pour démontrer ses principes.

Mais on ne trouvera pas beaucoup de maîtres qui voudraient sac-
rifier leur temps et leur argent pour une cause commune.

Il ne faut pas oublier, cependant, que le champ de Merry-Corbon
était relativement petit, que les enfants le cultivaient presque seuls
(ce qui n'arrive pas toujours, car il y a des parents qui ne consentent
pas à envoyer leurs enfants travailler aux champs), que des fermiers
complaisants avaient donné le fumier, prêté des machines, etc.

Peu d'instituteurs se trouvent dans ces conditions favorables et
nous répétons encore une fois qu'il faut établir un subside matériel
et la direction d'un personnage compétent pour assurer le succès des
champs d'essai. Il est imposible de demander tout cela à un maître
d'école ordinaire.

Mais comme les essais agricoles sont de haute importance pour la
population, il est à désirer qu'ils se propagent là, où les conditions locales leur sont favorables et où les maîtres ont assez d'énergie et de
savoir pour diriger les travaux.

Deux manières de     Donc, nous voyons que l'enseignement d'agriculture peut être

propagation des no-
tions agricoles.

double dans les écoles: 1) pédagogique et obligatoire pour tous les maîtres, lorsqu'ils introduisent les principes agricoles dans l'enseignement général, 2) pratique pour quelques maîtres seulement et alors ils sont des agents du ministère d'agriculture ou représentants d'une société agricole. Pour ce dernier rôle il faudrait, comme nous l'avons dit dans le II chapitre, choisir des maîtres qui, au sortir de l'école normale, auraient étudié spécialement l'agriculture dans des écoles pratiques. Ils pourraient être de grand secours au professeur du département, soit pour organiser des champs d'expérience (et non les surveiller seulement), soit pour éxécuter différentes commissions dans les diverses branches de l'économie rurale.

Rôle des Instituteurs
en Autriche.

En Autriche, les maîtres d'école sont souvent chargés de commissions par le ministère d'agriculture ou les confédérations agricoles. Au moyen d'un honoraire modique ils surveillent les pépinières fruitières publiques, les mûriers, répandent et greffent les boutures envoyées des meilleures espèces d'arbres fruitiers. Ils cherchent à innover les moyens perfectionnés de culture, des procédés pour combattre les insectes, les maladies des animaux domestiques et des plantes, et même à créer de nouvelles ressources d'industrie agricole. Enfin, c'est encore les maîtres qu'on charge de prendre des renseignements statistiques.

Quelques exemples en
France.

La France a fait de semblables tentatives. Dans quelques départements, par exemple dans les Pyrénées-Orientales, Basses - Alpes, Drôme, Lyon, Ardèche, les maîtres distribuent aux paysans des graines de magnan avec les explications nécessaires, puis des boutures de la vigne, dont ils montrent la greffe. Dans d'autres départements ils surveillent les champs d'essai *). Les professeurs départementaux profitent des rapports agricoles des maîtres (à Doubs par exemple) pour connaître les besoins du département et dans ce cas ils prient les maîtres de rédiger leurs rapports d'après un certain programme. Dans le départ. de la Dordogne pendant 5 ans par les soins du professeur

---

*) Citons M-r Reverchon, instituteur à Autoreille (départ. de la Haute-Saône) qui a organisé sous la direction de M-r Allard, professeur départemental, un champ de démonstration très réussi et dont le plan était très bien combiné.

départemental ont été distribuées à 385 instituteurs—150,000 boutures ou enracinées de vigne américaine. Dans les départements de Meurthe-et-Moselle et de la Haute-Vienne les maîtres ont introduit, grâce à l'initiative de la société agricole, l'apiculture et le système des ruches à croisées. Une fois, une institution indépendante s'est adressée aux maîtres, savoir le Comité d'études et de vigilance contre le philloxéra, (dép. Lot) qui a offert aux instituteurs 5 ou 6 variétés de vigne américaine, reconnue comme la meilleure pour les planter, étudier l'adoptation et les propager parmi les paysans en offrant des boutures. Dans certains départements les instituteurs, en faisant le cours aux adultes, donnent entre autre aux auditeurs quelques notions sur l'agriculture (départ. de la Meuse). Tous ces faits nous prouvent que les instituteurs peuvent être utiles aux professeurs des départements, tant qu'il n'y aura pas en France assez de spécialistes qui pourraient, à l'exemple des wanderlehrer allemands parcourir pendant l'année les villages assignés. Lorsqu'il y aura en France 1 professeur agricole sur 2 ou 3 cantons, on pourra se passer des services des maîtres d'école et ceux - ci retourneront à leur pédagogie exclusivement.



Il suffit de voir la Suisse où la population, grâce au système des cours, est toujours au courant des innovations de l'économie rurale. Ces cours, comme on sait, sont de deux genres a) cours spéciaux (Landwirthschaftliche Spezialkurse) qui durent 3, 6 à 15 jours, b) les cours errants-(Wandervorträge) ou conférences qui durent 2 ou 3 heures et qui apprennent au public les nouvelles agricoles du jour. Voilà par exemple un tableau extrait d'un rapport manuscrit au département d'agriculture de la Société Centrale Agricole de la Suisse romane. En 1889 il y avait en 5 cantons de la Suisse romane 149 conférences avec 10,201 auditeurs, ce qui fait 69 personnes en moyenne. J'expose le nombre des conférences et les sujets qu'elles traitent:

1) L'élevage du bétail — 26; 2) Le laitage 24; 3) La Viticulture—24; 4) L'assurance du bétail—17; 5) L'apiculture—17; 6) Les engrais—13; 7) L'arboriculture et la culture des arbres fruitiers—12; 8) La culture potagère—3; 9) La culture du froment—2; 10) Les plantes fourragères—2; 11) L'amélioration des terrains—2; 12) Culture des Alpes—1; 13) Sylviculture—1; 14) L'éducation des chevaux—1; 15) conférences divers—4.

Il suffit de parcourir la liste de ces conférences pour voir la variété et l'étendue des connaissances qu'elles propagent. Chaque cultivateur y peut trouver un sujet intéressant. Les conférences ont généralement un but pratique. Leur prix est fort modeste. Les conférenciers reçoivent 20 fr. pour chaque séance et une indemnité pour le voyage. Pour les conférences sur la zootechnie on invite les vétérinaires, pour la sylviculture les inspecteurs des forêts etc.

Nous savons que de pareilles conférences ont beaucoup de succès en Belgique, *) (où l'on a organisé aussi des cours de 15 et de 30 séances) en Allemagne, en Autriche - Hongrie, dans plusieurs provinces de la Russie **) etc. et partout elles sont fort populaires et fort utiles. L'effet des conférences est tout direct, tandis que l'enseignement agricole des écoles primaires est seulement préparatoire. La population adulte apprend les choses nécessaires gratis, sans perte de temps et dans une forme accessible. Ordinairement on organise les cours et les conférences les jours de fête, les dimanches, le soir ou pendant l'hiver. Les explications orales, les réponses aux questions faites pendant la conférence même, les dessins, les modèles, les expériments, les excursions aux champs d'essai — voici les procédés, employés par les conférenciers pour illustrer la théorie. Le succès obtenu par les conférences des professeurs départementaux, qui attirent un public nombreux et étranger, sans parler des maîtres avec leur élèves, prouve clairement l'avantage des cours et des conférences en France. Mais les professeurs sont trop occupés pour suffire à toutes les conférences. C'est à peine si plusieurs d'entre eux ont le temps de tenir les 26 cours obligatoires par an. Aussi devrait-on désirer la propagation des conférences organisées par les délégués des sociétés agricoles, les instituteurs qui ont spécialisé leur instruction agricole etc. Au moyen d'un honoraire modeste (10 fr. en Belgique), ces personnes feraient des conferences sur des sujets choisis librement ou imposés par le professeur départemental. Les champs démonstratifs, peu répandus

*) En 1889 il y avait déjà 154 cours de 15 leçons et 90 cours de 30 leçons avec 14,111 élèves et 276 conférences sur diverses matières.

**) Citons les cours d'horticulture pour les instituteurs du docteur Grell (de Moscou) les conférences de M-r Tcherniaeff sur les machines agricoles, la conservation des fruits, les conférences sur l'apiculture, sur la sériciculture au sud de la Russie etc.

encore et remplacés jusqu'à présent par les champs d'essai joueront aussi un rôle important dans l'enseignement agricole populaire.

IV.

### Ecoles primaires supérieures et Cours complémentaires.

Encore quelques mots sur les cours complémentaires et les écoles primaires supérieures. Il y a quelques années, on soutenait généralement que l'école primaire doit s'occuper exclusivement de l'instruction générale et servir de base au développement ultérieur. Mais l'abus des professions libérales, l'accroissement du prolétariat intellectuel et le manque d'instruction spéciale firent bientôt naître une doctrine toute opposée. Plusieurs personnes voulaient absolument fermer les écoles primaires supérieures et les réformer en écoles techniques et professionnelles. Cette réforme radicale n'était pas facile à décider et, une fois résolue, aurait prouvé vite ses lacunes. Dans les petites villes où se trouvent quelquefois les écoles primaires supérieures, deux ou trois sorties d'élèves auraient bientôt inondé la ville d'artisans spécialistes, qui certainement auraient manqué d'ouvrage. Comment faire alors? La vie même nous donne la réponse.

Les tendances des écoles primaires supérieures et des cours complémentaires d'approprier l'enseignement aux conditions locales.

Dans certains bourgs citadins on remarque la tendance des écoles primaires supérieures, tout en gardant leur programme classique, de se conformer aux exigences de la population, — dans ce but ils soignent beaucoup le travail manuel et le dessin. Les élèves de ces écoles, après avoir terminé leurs études, peuvent facilement trouver un emploi et choisir plus tard une spécialité, puisqu'ils connaissent bien le travail manuel et qu'ils ont en outre une instruction générale. Quant aux écoles fréquentées par des campagnards, elles prennent quelquefois un caractère agricole, où l'attention est portée surtout sur l'enseignement de l'agriculture et les excursions scolaires aux champs. Ces écoles ont des jardins, des potagers, des champs d'études, enfin tous les accessoires nécessaires pour les manoeuvres pratiques. On y enseigne aussi le travail manuel, mais pas en détail, comme dans les écoles des villes. Je trouve cette solution très normale, puisqu'elle correspond aux différentes exigences du peuple. L'école primaire supérieure à Onzain (dép. Loir-et-Cher), peut être citée comme école modèle grâce à l'ordre parfait de son jardin, potager et parcelles d'études. Elle doit sa position exceptionnelle à l'énergie et au zèle de son directeur, M. Crocheton qui s'intéresse vivement à l'enseignement agricole populaire. De plus l'école supérieure et professionnelle à Aire (Landes) est très intéressante avec ses trois sections: agricole, industrielle et commerciale, puis l'école à Belley (Ain) et à st. Julien (Savoie).

Certains voeux exprimés sur l'enseignement de l'agriculture dans les écoles primaires élémentaires, précisément les voeux 2°, 3°, 4°, 5° et 6°, peuvent être aussi appliqués aux cours complémentaires et aux écoles primaires supérieures.

**Enseignement secondaire.** Disons encore quelques mots de l'enseignement secondaire. En établissant aux collèges et aux lycées un cours agricole non obligatoire et en organisant des excursions scolaires, on pourrait contribuer à la propagation des notions sur l'économie rurale.

Aujourd'hui même les élèves des collèges et lycées font quelquefois ces promenades tantôt seuls, tantôt se joignant aux écoliers de l'école Normale, comme cela se pratique à Rodez (Aveyron). Là les élèves de la 4-me et 5-me année du lycée suivent avec les élèves de l'école Normale les excursions et démonstrations agricoles dans les jardins, les fermes et pépinières des environs de la ville. Je ne connais que 10 collèges et les lycées de Chartres et de Quimper, qui aient un cours d'agriculture. Dans le dernier lycée on ne donne qu'une heure et demie à cette étude pendant la 4-me, 5-me et 6-me année. En outre les écoliers du collège de Luneville (Meurthe-et-Moselle) assistent deux fois par mois au Cours hivernal d'agriculture qui a lieu dans le local du syndicat agricole fait par le professeur départemental.

**Ecoles pratiques d'agriculture.** Pour conclure je prendrai la liberté de faire une remarque sur les écoles pratiques agricoles.

Ces écoles qui ont remplacé les écoles - fermes, sont amplement fournies, font une impression favorable sur le visiteur et auront sans doute un futur garanti. Mais il nous semble que l'enseignement n'est pas assez pratique dans plusieurs de ces écoles. Au sortir de l'école les élèves, principalement fils de petits propriétaires et cultivateurs, devraient retourner à leurs champs et servir de modèle à leurs voisins. ·A regret il arrive souvent que les élèves des écoles pratiques, aspirant à continuer leurs études spéciales, s'établissent en ville et deviennent par conséquent étrangers à la campagne. Ainsi, grâce au caractère un peu trop scientifique de l'enseignement, le résultat de l'école n'est pas celui qu'elle se proposait.

Les cours complémentaires agricoles qui sont très répandus en Allemagne, seraient très utiles. L'école à Sartilly (dép. de la Manche) appelée école primaire et professionnelle d'agriculture et fondée sur l'idée de M. Tisserand, nous donne un modèle de ces cours en petit. Elle est montée très simplement, coûte fort peu, mais l'enseignement y est très bon. Son directeur est pédagogue et fermier à la fois. Il dirige aussi l'école primaire élémentaire. L'enseignement théorique y est bien plus réduit que dans les écoles pratiques. Les écoliers s'occupent d'exercices pratiques une heure et demie ou 2 heures par jour, en été maximum 4 heures. L'école primaire agricole Descompte à Menil-la-Horgne (Meuse) essaie sa manière dans l'enseignement agricole populaire, mais elle ne peut pas être jugée définitivement, puisqu'elle n'existe que depuis 2 ans. La théorie prospère, mais le côté pratique laisse à désirer. La culture des champs est la même que chez les voisins. Le bétail est celui du pays. Les expériments et les démonstrations dans le jardin, le potager et les champs d'essai ne sont qu'ébauchés et demandent à être organisés finalement.

V.

## Notes sur l'enseignement du travail manuel.

Disons maintenant quelques mots sur l'enseignement du travail manuel. L'activité énergique et infatigable de feu M-r Salicis a assigné à cette occupation la place qui lui est dûe dans le programme des écoles françaises, et d'après ce que dit M-r René Leblanc, le travail manuel est introduit maintenant dans 20 mille écoles à peu près. La question de son développement ne dépend donc que du temps, et d'année en année cette branche si utile prendra, sans aucun doute, une plus grande extension.

Le programme officiel ne peut être exécuté par le maître qu'autant que le permettent les circonstances locales. Aujourd'hui c'est une chose assez difficile que de trouver la constance dans tout ce qui a rapport à cette branche, parce que l'organisation de cet enseignement est encore, comme sa méthode, dans une période de formation.

Je ne ferai que deux ou trois remarques qui se présentent involontairement à l'esprit de tous ceux qui s'intéressent au développement du travail manuel en France.

Lors de la formation des programmes sur le travail manuel les pédagogues français donnèrent une large place aux exercices avec le bois, exécutés à l'établi et au tour, ainsi qu'aux travaux avec le fer à l'étau et à la forge. Le travail de ces matériaux réalise le mieux toutes les conditions qu'exige le travail manuel *). Il donne aux élèves

---

*) Selon l'avis des pédagogues russes le travail manuel doit: 1) être méthodique avant tout, 2) éveiller l'intérêt des enfants, 3) donner des résultats pratiques, 4) communiquer une certaine habileté aux mains des élèves, 5) contribuer à l'ordre, à l'exactitude et à la propreté, 6) correspondre aux forces physiques et intellectuelles des enfants, 6) cultiver en partie le sentiment esthétique, 8) développer les forces physiques et 10) il doit servir de récréation aux enfants, dont les membres sont engourdis par une longue immobilité.

L'importance du travail manuel était reconnue en Russie déjà à la période de Kief (XII s.).

la possibilité d'étudier les éléments techniques de tout un groupe de
métiers et de s'habituer à manier les principaux outils; voilà pourquoi
à l'école Normale de la rue Louis Thuillier, maintenant fermée, et à
l'école de la rue Tournefort on voit la prédomination des travaux en
bois et en fer.

**Enseignement dans les écoles Normales.**

Il en résulte que les professeurs, après avoir terminé leurs études
à l'école Normale ci-dessus mentionnée, ont conservé le même système,
par rapport aux élèves-maîtres. En visitant les écoles normales j'ai
toujours trouvé de nombreux modèles en bois, menuiserie, tournage et
modelage. Dans les écoles, où l'on attache une plus grande importance
au travail manuel, on s'occupe aussi de travaux de fer à l'étau et de
la forge. Il faut dire à la louange des directeurs des écoles normales
que dans la plupart de ces établissements l'enseignement est fort bien
dirigé. Les élèves arrivent à de très bons résultats. Il m'est arrivé
plus d'une fois d'admirer les travaux tout à fait irréprochables, et surtout ceux des élèves de la 2-ème et de la 3-ème année. Mais entre
cet enseignement et celui des écoles primaires élémentaires il y a un
désaccord complet.

**Désaccord entre l'en-
seignement des éco-
les normales et ce-
lui des écoles pri-
maires élémental-
res.**

Lorsque ces mêmes élèves-maîtres, après avoir terminé le cours qu'ils
ont suivi particulièrement pour l'enseigner aux enfants, sont nommés

---

Plus tard, dans la période de Moscou, il fut recommandé par le «Domostroï» XVI s. (recueil
de règles et principes de la vie de famille et sociale). Enfin le travail manuel fut pratiqué
par le Grand Charpentier — Pierre I qui le fit introduire dans les Corps des Cadets. Abandonné
vers la seconde moitié du XVIII s. il fut rétabli d'abord en Finlande, où il devint obligatoire dans les écoles populaires d'après le projet du pasteur Ouno-Signéüs (1856), et plus tard
dans les séminaires. En Russie sur l'initiative de la Commission permanente de l'enseignement
technique on a organisé en 1880 des cours d'été de six semaines pour les instituteurs rurales. Plus tard les cours du travail manuel furent introduits à l'Institut supérieur des Instituteurs à St.-Pétersbourg, sous la direction de M-r St.-Hilaire.

A présent l'enseignement du travail manuel continue à se propager.

On l'introduit dans les séminaires (écoles normales primaires), dans les écoles de ville
de St.-Pétersbourg, dans quelques corps des Cadets et dans les gymnases (le gim-
nase privé de M-r Gourévitch) etc. En province on trouve déjà des écoles munies d'ateliers dans 43 gouvernements. La méthode est basée sur le système suédois, avec quelques
modifications, suivant le besoin local. Le système des villes et les bourgs citadins est élaboré à l'Institut supérieur des Instituteurs (professeur M-r Cyroul), pour les campagnes par
M-r Zagrébine. Dans 2 écoles—celles de Morchansk et de Yourievsk on a adopté la méthode
française. L'enseignement n'est pas obligatoire.

14

à leur tour dans les écoles primaires, il se voient forcés d'enseigner le travail manuel, dit «sans atelier», en se servant comme matériaux d'oeuvre du papier, du carton, du fil de fer et même de la paille, de l'osier, de la ficelle, de tout, excepté le bois et le fer.

**Ecoles primaires élémentaires avec atelier.**

Le manque de local, la nécessité d'acheter le matériel, les établis et les instruments, et parfois le manque de forces physiques des enfants empêchent considérablement l'augmentation des ateliers auprès des écoles. Sur 20 mille écoles où l'on enseigne le travail manuel il n'y en a que 300 à peu près, (dont 116 à Paris et dans le département de la Seine) c'est à dire $1^1/_2$% seulement qui ont des ateliers, dans les autres l'enseignement du travail élémentaire se fait sans atelier. Les enfants s'occupent de découpage, pliage et tissage de papier, découpage et marqueterie du carton, de cartonnage et dans quelques écoles—de travaux de fil de fer.

**Lacunes dans l'enseignement des travaux sans atelier.**

Si l'on prend en considération que tous ces travaux n'ont pas été étudiés d'avance par les instituteurs, on comprendra facilement qu'il n'y a pas d'unité dans ce mode d'enseignement et que les exercices sont souvent pris au hasard. Toutefois il est reconnu maintenant que les travaux de papier et de carton peuvent être très utiles comme introduction aux travaux en bois et facilitent en même temps l'enseignement du système métrique et des notions de géométrie. Seulement pour l'enseigner avec succès, il faudrait que les instituteurs soient bien initiés aux travaux sans atelier.

De plus ces travaux ont aussi une signification comme exercice de dessin dans une forme concrète. Si le maître, capable lui - même, choisit une jolie forme pour l'objet, compose de jolis dessins pour l'orner et fait un bel assemblage de couleurs, ces exercices pourront servir d'un excellent moyen pour développer le goût artistique chez les enfants. Pour réussir les instituteurs doivent observer dans leurs travaux la plus grande précision, l'ordre et la propreté, car ces modèles, faits devant leurs élèves, seront copiés par ces derniers.

L'instituteur qui passe ce cours par autodidaxie sera toujours moins expérimenté que celui qui l'aura suivi à l'école normale dans l'ordre systématique.

En Suisse et en Belgique où les travaux avec du carton et du papier entrent aussi dans le programme du travail manuel pour les écoles primaires élémentaires,—cette partie du programme y est étudiée très sérieusement dans les séminaires, où le travail manuel est introduit, ainsi que dans les cours temporaires, organisés pour les instituteurs.

Aux cours d'été en Belgique 65 leçons sur 170 sont consacrées aux travaux de cartonage et aux occupations d'après le système de Frébel.

En Suisse le cour d'un mois (sept heures et demie par jour).

Dans les écoles normales de France on devrait enseigner également les travaux avec le papier, le carton et le fil de fer, ne fût-ce qu'au commencement du cours dans le premier semestre. Il en est ainsi déjà à Besançon et à Loches, où l'enseignement manuel est dirigé particulièrement en vue de l'école primaire.

En outre dans des travaux en papier il existe certains défauts, qu'il serait facile d'écarter. Dans la plupart des écoles les enfants sont assis, lorsqu'ils s'occupent de travaux manuels, et certains petits ouvrages, comme le pliage et le découpage, exigent beaucoup d'application et d'attention, ce qui fait que les enfants concentrent leur vue et restent longtemps penchés sur leur table.

Et pourtant l'introduction du travail manuel a pour but de faire reposer les enfants des fatigues intellectuelles et de délasser un peu leurs membres engourdis.

Voilà pourquoi en général il est beaucoup plus utile de travailler le bois et le métal, car ces travaux exigent des efforts physiques outre le savoir et l'adresse; mais si, à regret, on ne parvient pas à les introduire dans les écoles élémentaires, on pourrait à leur place exécuter ces mêmes travaux en papier, mais à la condition qu'ils se fassent debout, quand les circonstances le permettent.



Indiquons comme modèle l'école de Nivelles en Belgique: le long des murs de la classe, qui sert tant à l'étude qu'à l'enseignement des travaux manuels, se trouvent de petites tables, larges de 75 centimètres, couvertes de feuilles métalliques; les tables sont montées sur des gonds et peuvent se replier; les occupations une fois terminées, elles ne prennent pas de place; on les relève lorsqu'on doit travailler,

La métamorphose de la classe en atelier et vice versa s'opère en quelques secondes.

On couvre les tables de feuilles métalliques pour les préserver des coupures des canifs lors du découpage, ce qui arrive souvent dans les écoles françaises. L'introduction de ces tables mobiles a donc écarté la difficulté d'avoir une chambre en plus pour l'atelier, et en même temps les enfants travaillent debout, ce qui doit agir favorablement sur leur santé.

Ce système, adopté dans d'autres écoles en Belgique, donne de très bons résultats.

La répartition des écoles avec le travail manuel dans certaines localités est très inégale. Ainsi dans quelques départements, elles manquent complètement, dans d'autres, au contraire, où les inspecteurs s'intéressent spécialement à cette branche, elle est enseignée dans toutes les écoles primaires de quelques cantons.

Par exemple pour le midi de la France, c'est Norbonne et Pau qui sont considérés comme centre du travail manuel. Il est introduit dans toutes les écoles de ces villes et de leurs environs. On y trouve des classes, dont les murs sont tout couverts de specimens des travaux d'élèves, formant de petites expositions très intéressantes et variées. Outre ces localités nous voyons encore le travail manuel dans 9 ou 10 départements du centre, de l'est et du Nord, où il se répand aussi considérablement.

Le modelage prend encore peu d'extension, et ceci vient peut-être à cause du mécontentement que les parents manifestent, en voyant leurs enfants revenir à la maison tout tachés d'argile. Ils trouvent une contradiction: l'école exige qu'on envoie les enfants en bonne tenue et elle-même les renvoie avec des habits sales.

Comme nous l'avons déjà remarqué on ne s'occupe presque pas de travaux sur bois dans les écoles rurales. Je n'ai rencontré que dans quelques-unes de petits modèles d'objets usuels, faits pour la plupart à l'aide d'un canif. Mais ce travail n'offre pas de système; il ne fait pas passer l'écolier du simple au composé, du connu à l'inconnu. Chaque élève crée ces petits objets à l'aide de son imagination et fait voir par là son adresse, son zèle, le savoir qu'il possède déjà, mais il n'apprend rien et n'acquiert pas de nouvelles connaissances techniques. Ces petits ouvrages, tels que: rateaux, bêches, herses, charrues, tréteaux, échelles etc. ont un caractère terminé. Les écoliers confectionnent ces choses avec grand plaisir et font parfois de fort jolis objets. Il est évident qu'un tel genre de travail ne pourrait être recommandé aux écoles primaires qu'à la condition que tous ces exercices soient gradués et mis en ordre systématique. Autrement ce ne serait pas un travail instructif, mais simplement une fabrication de jouets, sans un but sérieux.

Dans le département de Vaucluse quelques maîtres unissent les leçons de travail manuel à l'enseignement de l'agriculture. Les enfants font en bois de petits instruments agricoles et, durant le travail, les maîtres leur expliquent la construction de ces outils, leur but et leur usage.

Travaux hors de la classe.

Dans quelques départements ces objets ne se font pas en classe; on donne aux enfants une ou deux semaines pour qu'ils exécutent ce travail à la maison. A notre avis ce système doit être abandonné: tous les ouvrages manuels doivent indubitablement se faire en classe sous la surveillance immédiate du maître. L'objet ne peut avoir de la portée que s'il est fabriqué e n t i è r e m e n t par l'élève; tandis qu'à la maison ce dernier peut être aidé soit par son père, soit par un de ses frères ot, co qui cst pis encore, l'élève peut simplement commander à un ouvrier l'objet exigé. Seulement par l'activité personnelle, en tachant de vaincre les obstacles qui se présentent à l'exécution du travail donné, l'élève peut développer sa volonté, s'habituer de transformer, quand les circonstances le demandent, son savoir en pouvoir réel. En visitant une école élémentaire, je fus étonné de voir que les objets confectionnés à la maison étaient faits très soigneusement et tout en eux indiquait l'emploi des manipulations assez compliquées; les ouvrages faits en classe, au contraire, étaient d'une qualité inférieure. J'ai su plus tard qu'il y avait en ville un menuisier qui, pour un prix très modique, se chargeait de confectionner les travaux assignés aux élèves.

15

Inutile d'appuyer sur les conséquences peu morales de telles habitudes: les élèves s'accoutument à mentir, reçoivent de bons points non mérités et sèment par là la discorde parmi leurs camarades qui voient l'injustice, mais qui ne se décident pas à dénoncer les coupables.

*Une observation sur le système de M. Salicis.*

Quant aux travaux en bois, selon le système de M-r Salicis, il nous semble d'une plus grande importance pour les adultes que pour les enfants. L'adulte veut étudier les éléments techniques du travail manuel et il les suit systématiquement, laissant les exercices pratiques jusqu'à la fin du cours. Quant aux enfants, pour attirer leur attention, il faut que l'objet ait une signification pratique et esthétique. Le système d'Otto Salomon donne dans ce cas un grand choix;—chez lui tous les modèles se succèdent dans un système sévère et chacun d'eux en particulier a un caractère entièrement défini.

Les petits modèles en bois que nous avons mentionnés plus haut prouvent, comme il nous semble, qu'il existe chez les instituteurs et les élèves une tendance, pour ainsi dire instinctive, de confectionner quelquefois des objets (ou modèles) usuels en forme déterminée.

L'introduction dans les écoles primaires de quelques travaux peu compliqués, mais bien achevés, aurait donné aux élèves plus de goût pour cette branche que toutes les récompenses; le stimulant serait dans le travail-même. Les parents seraient plus contents, voyant que leurs enfants font des choses utiles.

Il serait urgent d'opérer ce même changement dans le écoles normales.

*Propagation de l'enseignement du travail manuel avec atelier.*

Pour augmenter le nombre des écoles où l'on s'occuperait de travaux en bois il ne faudrait pas exiger une trop belle organisation dès le début. En Suisse j'ai rencontré un maître qui avait institué le travail manuel ne possédant que 2 établis pour 20 élèves et son affaire marchait très bien.

Les modes d'enseignement que j'ai pu observer dans quelques écoles (normale de Beauvais et à l'école professionnelle de Rennes) sont aussi assez pratiques: les élèves des écoles élémentaires de la ville viennent pour le travail manuel dans les ateliers de ces écoles et peuvent profiter ainsi du local et des établis ce qui fait la plus grande dépense.

Un petit nombre, d'instruments peut être acquis par l'école et conservé dans ce même atelier dans une armoire spéciale.

Il y a presque dans toutes les villes une école normale ou professionnelle, ou primaire supérieure possédant un atelier non occupé à certains jours ou, au moins à certaines heures; leur utilisation serait, me semble-t-il, assez pratique. Les essais qui ont été faits prouvent que cette idée pourrait avoir du succès; ainsi par exemple la municipalité de Lyon recherche maintenant le moyen de faire annexer les écoles élémentaires de la ville aux ateliers des écoles primaires supérieures.

On a agit différemment dans la ville de Brunenhamel où les élèves vont travailler dans les ateliers des ouvriers indiqués par la municipalité.

Les dépenses.

Les frais nécessaires pour l'introduction du travail manuel dans les écoles ne sont pas bien considérables.

Pour le travail en bois, y compris l'amortissement du capital employé pour l'organisation de l'atelier, la dépense ne doit pas dépasser 5 frs. par an (par élève) et pour le cartonnage 1 fr. Les travaux de papier ne coûtent parfois rien, parce que tout le matériel indispensable est apporté par les élèves-mêmes.

# VI.

## Corrélation entre le travail manuel et l'enseignement de l'agriculture.

Il reste maintenant à examiner la corrélation entre l'enseignement d'agriculture et le travail manuel. Il est reconnu que les programmes des écoles primaires en France sont tellement surchargés, qu'on ne peut pas les élargir sans risquer de rendre l'enseignement vague et superficiel. Le but de l'école est d'élever l'enfant dans la force du terme, de développer ses facultés morales, physiques et intellectuelles, sans l'accabler de devoirs trop difficiles. L'agriculture n'entre pas dans le programme, comme un cours spécial, mais comme application des notions élémentaires des sciences naturelles. On peut l'enseigner d'une manière détournée, pour ainsi dire, à l'aide de leçons et d'intuitions habilement graduées.

Voilà pourquoi les quelques notions sur l'agriculture ne peuvent pas surcharger le cours et sont en même temps indispensables pour développer chez les enfants l'esprit d'observation et d'analyse. Le système qui consiste à donner à tout l'enseignement une teinte agricole est utile principalement dans les contrées rurales, surtout s'il est suivi d'excursions instructives et de travaux pratiques dans le jardin scolaire. L'excellent effet de ce mode d'enseignement est i n c o n t e s t a b l e. Les résultats pratiques peuvent être aussi d'une grande importance. Un vieux préjugé de moins, un principe bien compris de plus, — et quelques milliers de francs sont ajoutés au budget populaire.

Le travail manuel est aussi très utile à l'école. C'est un excellent exercice, pendant lequel le cerveau de l'enfant se repose, sans rester cependant oisif. L'élève développe insensiblement, mais méthodiquement ses capacités sensorielles, sa volonté, ses forces musculaires et surtout la dextérité, l'habileté et la souplesse des mains. Ses tendances à l'invention et à l'activité s'y trouvent aussi satisfaites. Il s'habitue peu à peu à manier les principaux outils et acquiert en même temps des connaissances techniques élémentaires.

En introduisant dans les écoles ce mode d'enseignement, on a voulu honorer le travail comme soutien de la moralité et comme source de la prospérité nationale; on a cherché en même temps à empêcher les enfants d'abandonner les ateliers de leurs pères, car, hélas! le sort d'un simple employé au bureau semble parfois, grâce aux préjugés, plus élevé que celui d'un ouvrier habile.

Voilà pourquoi le travail manuel est désirable surtout dans les écoles des villes et dans les centres industriels. Pour les enfants des artisans, petits négociants etc. il y a une importance toute particulière.

Dans les campagnes en face de l'enseignement pratique de l'agriculture le travail manuel n'occupe qu'une place secondaire. Certains buts que poursuit le travail manuel, surtout celui qui se fait sans atelier, peuvent y être remplis par d'autres moyens. Pour développer par exemple le goût des élèves, on peut attirer leur attention sur les beautés de la nature qui impressionnent toujours les âmes fraîches et naïves des enfants; pour les habituer à l'ordre, à la propreté, et à l'exactitude—on a recours au dessin et aux sciences mathématiques etc., de sorte que dans les contrées rurales les travaux manuels «sans atelier» peuvent se faire pendant la saison hivernale, mais ils doivent être remplacés, quand le temps le permet, par des excursions dans les champs et des exercices au jardin scolaire.

En ville, au contraire, l'enseignement agricole se bornera à des notions plus ou moins théoriques, suivies de quelques expériences pratiques.

Les travaux manuels avec atelier sont à désirer en ville comme à la campagne, mais les ressources manquent souvent aux petites communes.

Il en résulte que ces deux modes d'enseignement sont encore dans un état assez vague.

Toutefois un régime trop autoritaire aurait aussi certains inconvénients. Il suffit que ces deux branches soient obligatoires—les détails peuvent toujours être élaborés plus tard. Le bon sens de l'instituteur lui fera voir selon les besoins des localités sur quelle branche il doit appuyer davantage.

Il y a et il y aura encore des lacunes, des malentendus, des fautes peut-être, mais qu'importe! La pratique les mettra en évidence et le temps—ce médecin sans pareil—les guérira.

L'essentiel est fait....

L'idée de Montaigne se réalise dans l'école populaire: «Le libre examen prend pas sur la tradition et l'intelligence sur la mémoire».

# TABLE DES MATIÈRES.

# FAUTES D'IMPRIMERIE.

| *Pages.* | *Imprimé.* | *Lire.* | *Lignes.* |
|---|---|---|---|
| 4 | entelligents | intelligents | 20 |
| 6 | mains | mais | 1 |
| — | horticluture | horticulture | 2 |
| — | d'horticnture | d'horticulture | 5 |
| 10 | ne | de | 18 |
| — | Dombastes | Dombasle | 21 |
| — | tout | tous | 22 |
| — | évidamment | évidemment | 32 |
| 13 | théorique | théoriques | 11 |
| 14 | maintenant | maintenant | 1 |
| — | Eu | En | 19 |
| 15 | l'obliger | obligé | 33 |
| 16 | d'école | d'écoles | 25 |
| 17 | pourrait | pourrait | 16 |
| — | el | le | 29 |
| 18 | qne | que | 16 |
| 19 | das | dans | 2 |
| — | si tôt | sitôt | 16 |
| 21 | pour | pour | 22 |
| — | Bruxe es | Bruxelles | 27 |
| 23 | ci | si | 30 |
| 26 | l'arrodissement | l'arrondissement | 26 |
| 30 | partaux | part aux | 21 |
| 31 | maréchère | maraîchère | 3 |
| — | l'ensemeucent | l'ensemencement | 16 |
| — | Comparaisns | Comparaisons | 18 |
| — | occupées | occupés | 27 |
| 39 | commission | sour commission | 21 |
| 42 | hectar | hectare | 35 |
| 43 | après | d'après | 27 |
| 44 | Hante | Hante | 14 |
| 45 | paye | paie | 16 |
| 53 | écoes | écoles | 20 |
| — | rurales | rurals | 28 |
| — | les | des | 35 |
| 55 | ne prennen past | ne prennent pas | 35 |

Les fautes d'accents moins graves ne sont pas mentionnées.

62